中宣部2020年主题出版重点出版物
中国脱贫攻坚故事丛书

中国脱贫攻坚

巴里坤故事

国务院扶贫办　组织编写

中国出版集团
研究出版社

图书在版编目（CIP）数据

中国脱贫攻坚 . 巴里坤故事 / 国务院扶贫办
组织编写. -- 北京 : 研究出版社 , 2021.1
ISBN 978-7-5199-0843-0

Ⅰ. ①中… Ⅱ. ①国… Ⅲ. ①扶贫－工作经验－案例
－巴里坤哈萨克自治县 Ⅳ. ① F127.454

中国版本图书馆 CIP 数据核字（2020）第 012834 号

中国脱贫攻坚　巴里坤故事
ZHONGGUO TUOPIN GONGJIAN BALIKUN GUSHI

国务院扶贫办　组织编写

责任编辑：寇颖丹

研究出版社 出版发行
（10011　北京市朝阳区安华里 504 号 A 座）

河北赛文印刷有限公司　新华书店经销

2021 年 6 月第 1 版　2021 年 6 月北京第 1 次印刷
开本：787 毫米 ×1092 毫米　1/16　印张：10.5
字数：139 千字

ISBN 978–7–5199–0843–0　定价：45.00 元

邮购地址 100011　北京市朝阳区安华里 504 号 A 座
电话（010）64217619　64217612（发行中心）

“中国脱贫攻坚故事丛书”编审指导委员会

“中国脱贫攻坚故事丛书”编写工作组

骆艾荣　阎　艳　吕　方　李海金　陈　琦

刘　杰　袁　泉　梁　怡　孙晓岚

《中国脱贫攻坚　巴里坤故事》编写组

主　　任：彭凯平　韩雪峰

执行主任：陈　涛

执行副主任：常彩霞　赵　超

成　　员：樊书颖　付学娟　侯光富　邱咏梅　倪泽仑

田蓉红　王　月　许学诚　张建刚

摄　　影：巴里坤县委宣传部　巴里坤县扶贫办

目录
CONTENTS

序言
PREFACE

“增进民生福祉是发展的根本目的。”在这场人类历史上绝无仅有的脱贫攻坚战中，中国不仅交出了一份满意的答卷，全国 832 个贫困县全部脱贫摘帽，为全世界提供了一个全新的贫困治理的思路——“精准扶贫”。在“精准扶贫”的框架下，通过“六个精准”“五个一批”等政策措施，充分发挥贫困主体的积极性，形成合力，最终实现脱贫。

位于新疆维吾尔自治区的巴里坤哈萨克自治县就是在“精准扶贫”指导下，顺利实现脱贫的八百多个贫困县中的一个。

巴里坤，历史悠久，风光秀丽，是古丝绸之路北新道进入新疆的要道。这里“三山夹两盆”的地形、高寒的气候、极短的无霜期，使得先秦至清初，本地居民就以放牧为生。因为地理位置特殊，自汉代到近代，巴里坤一直发挥着交通要道、军事重镇和中华文明的传输前站的作用。这个时期的巴里坤相对比较富裕。但随着整个亚欧大陆历史的变迁，当地地缘优势的变化，过度放牧的消耗，巴里坤的富庶成为了历史。

2001 年，巴里坤县被列入国家扶贫开发工作重点县。2006 年被确定为国家五类地区。巴里坤的县域生产总值、地方财政收入等指标在全疆排名较低，财政自给不足。同时巴里坤县的贫困村和贫困人口绝大多数分布在边远山区以及高寒牧区一线，受气候（环境）、地理位置等因素制约，当地基础设施薄弱，畜牧业仍以放养为主，经济效益低下。农作物仅以一季小麦为主，增收渠道较为单一。经济增长十分缓慢。至 2013 年末，全县识别建档立卡贫困人口 2198 户 7703 人。“十二五”以来，巴里坤县各级党政组织和干部群众凝心聚力、众志成城，持续推进扶贫开发工作，累计减贫 1.65 万人，贫困发生率由 2011 年 29.4% 下降到 2015 年的 9.5%。特别是中央作出“精准扶贫”和“精准脱贫”的决策部署后，巴里坤县紧紧围绕社会稳定和长治久安总目标，坚决贯彻落实习近平总书记关于扶贫工作系列重要讲话精神以及中央、自治区党委、哈密市委脱贫攻坚重大决策部署。2016 年通过精准扶持，全县 14 个贫困村达到退出标准，2198 户 7703 名建档立卡贫困人口中的 2119 户 7426 人达到脱贫退出标准，贫困人口由 2014 年的 2198 户 7703 人下降至 2017 年的 79 户 277 人，贫困发生率由 2014 年的 10.74% 下降至 2017 年的 0.39%。2017 年，巴里坤县脱贫攻坚工作通过了国家第三方评估验收，实现了贫困县摘帽、14 个重点贫困村退出，贫困群众人均可支配收入达到 4500 元以上，全县贫困发生率由 2015 年的 9.5% 下降到了 2016 年的 0.39%，教育、医疗卫生、住房、就业、交通等基本公共服务主要领域指标均接近全国平均水平，达到了“两不愁三保障”。

巴里坤的脱贫攻坚是“整态化”的。精准脱贫致富的发展途径，始终坚持产业是根本、政策是保障，切实把精准解决贫困人口持续稳定增收和生活保障问题作为首要任务，按照“五个一批”要求，扎实推进脱贫攻坚“十大专项行动”，精准施策、精准发力，通过特色产业扶贫，创新建立资产收益扶贫机制，提供就业服务、创优就业创业环境，教育医疗扶贫，社保兜底扶贫等多种方式方法扶贫攻坚。强调贫困群众的主体作用，始终坚持群众主体，注重发挥贫困群众的主观能动性，着力教育引导贫困群众牢固树立“我能行”的主体意识，激发自力更生、艰苦奋斗、勤劳致富的信心和决心，唤起依靠自身努力主动作为、主动发展、主动脱贫的内生动力和内心愿望，实现由“输血型”扶贫向“造血型”持续发展转变。

在扶贫过程中，巴里坤的变化是方方面面的。经济上，注重发展产业，立足县域产业发展基础，依托优势资源，以市场为导向，以脱贫、富民、生态为产业发展的基本目标，以就业促进和资源优势转换为核心，转变经济发展方式。因地制宜，对不同乡镇开展了“一村一品”式产业扶贫发展模式，大力发展特色农业、特色旅游业、特色手工业、特色农畜产品加工业。文化上，通过多种形式，广泛开展“精神脱贫”系列活动，解放思想，转变观念，树立起自力更生、勤劳致富的思想观念。坚持文化引领，注重发挥脱贫群众的主体作用。发挥政府主导作用，不断完善公共文化服务。组织群众开展形式多样的文化活动，丰富农牧民群众的文化生活。基础建设方面，加强医疗健康扶贫，保障义务教育，加强职业教育，完善基础设施建设，打造现代化新农村。民族团结方面，积极促进少数民族团结共进。在巴里坤的脱贫过程中，各族人民携手共进，一同克服困难，大大促进了各民族的团结。如今，巴里坤人民“抱得像石榴籽一样紧”。

巴里坤的发展史是扶贫济困、造福民众的历史，是中国共产党为人民谋幸福、为民族谋复兴的历史。而在其中最引人入胜的，是幸福的巴里坤各族人民，他们都享受到了“精准扶贫”带来的实惠，幼有所育、学有所教、劳有所得、病有所医、老有所养、住有所居、弱有所扶。

本书从巴里坤各族人民生活的角度来还原一个历史中朴素真实的巴里坤。拥有更多获得感的各族人民，享受着生活的幸福；巴里坤迸发出四射的活力得益于巴里坤团结的各族人民，民族团结是巴里坤发展的基础；随着扶贫带来的工农业生产水平的提高和劳动者知识技能的提高，草原将拥有美好的未来，各族人民都满怀憧憬和希望。

本书在编写过程中，全国及全世界都在饱受新型冠状病毒疫情的侵扰。在此时全国各族人民共克时艰，相信不久就会取得全面胜利。多谋民生之利、多解民生之忧，人民对美好生活的向往，就是我们的希望。

本书编写组

01

Chapter

梦幻般的幸福生活

由于精准扶贫政策的实施，巴里坤人民的日子一天比一天美好，人们的生活好像梦幻般处处洋溢着幸福。

第一节 “羊的士”和小木屋

每年六月到八月的生活都会格外多姿多彩，哈萨克族汉子居马拜克·马尔旦早上九点半左右从家里出发，踏上前往巴里坤湖景区小木屋的柏油路。一路上，牛羊的叫声让他感到踏实，草原上的鸟叫清脆动听，湛蓝的巴里坤湖宁静地躺在绿色的草原上，野花盛开，远山如黛。

多少次回想以前巴里坤湖的景象，他依然有一种不太真实的感觉，感觉现在像生活在梦中。

居马拜克·马尔旦家乡美丽的巴里坤湖风景区

以前，巴里坤湖边到处是垃圾和牛羊粪便，肮脏不堪。休牧的时候，他每天去湖边吆喝牛羊，苍蝇嗡嗡乱叫，低头吃草的老牛不停地用尾巴拍打着蚊子。四周除了牛羊的叫声，就是安静的风声。越走近巴里坤湖，空气中弥漫着的腥臭味就越浓。

他以放牧为生，他的羊、别人的羊，羊群就是他生活的全部。手中的牧羊鞭送走了飞雪，迎来了风雨，寒暑交替，转眼他已经年过半百了，但日子却过得像盐碱滩，贫瘠而又荒凉。大部分日子里，每天一壶奶茶，就着馕，单调得就像他的牧羊生活。最让他头疼的是过“托仪”[①]，手头的拮据，心中的尴尬，让他有一种说不出的难受。

牧羊生活还馈赠给他另一个“礼物”：关节炎。每次腿疼起来，他只能默默忍受，就像忍受生活的贫穷一样。

环境改善后的巴里坤湖风景如画

① 托仪：指婚礼或与婚礼相关的系列仪式活动。

2014 年开始，他的生活发生了变化。他被海子沿乡政府卡子湖村评定为建档立卡贫困户，在政府的帮扶下，走上了脱贫之路。

政府下了多大的决心消除牧民的贫困，居马拜克·马尔旦感受得真真切切，眼前的巴里坤湖就是佐证。

为了改善牧民的生活、提高牧民的生活质量，县旅游局、海子沿乡政府开始打造巴里坤湖景区，他从小生活的地方变得几乎认不出来了：湖边的垃圾被清理得干干净净，宽阔的木栈道将村子和巴里坤湖连接起来，湖边成群的白天鹅让景区多了份神话世界的意境。十几座古香古色的小木屋环绕在宽敞整洁的停车场南边，停车场西边搭建了一些凉棚，提供给当地牧民做生意。再往西，几十顶白色的哈萨克毡房，构成了一片牧家乐群落，为游人提供吃住玩乐。在北边，与牧家乐群落隔一条马路的地方，是哈萨克骑手招揽生意的地方。政府搭建起这方平台，免去了小木屋、摊点、毡房的房租、水费和电费，鼓励贫困群众走出传统的放牧生活，搭旅游产业的顺风车，用自己的双手和头脑脱贫致富。

居马拜克·马尔旦的羊车
吸引游客乘坐

2015年7月，巴里坤湖景区在旅游旺季到来时打造完成，居马拜克·马尔旦则踩着旅游旺季的尾巴发了个小财。

就在景区建成后，外面的游人渐渐多了起来。他和汉族帮扶干部李秀英商量了许久，想用自己的那只山羊套车拉着游客观光挣钱。

打定主意后，尽管巴里坤旅游旺季已经接近尾声，他还是为自己的那只健壮的山羊量身打造了一辆特殊的“羊的士”，装扮得漂漂亮亮地出工了。

那是一次擦出火花的尝试，仅仅出了5天工，结果意想不到的好，他挣了400多元钱。

可惜的是，天气很快凉了起来，游人跟商量好似的，突然就没了，他的生意也只做了5天。

生意歇下了，居马拜克·马尔旦却来劲了。他只恨“出车”的时间太短，就把满腔的力气用在了做“羊的士”上，一口气做了4辆车，分别卖给了木垒哈萨克自治县、甘肃省阿克塞哈萨克自治县的牧民，平均每辆车卖出了2500元钱。

就在居马拜克·马尔旦牵着自己的“羊的士”干得正欢的时候，2017年，关节炎开始和他较劲，他腿疼得厉害，走不动路，牵不成“羊的士”了。

这时的巴里坤湖旅游景区更红火了，每年都有大量的游客前来旅游，年平均接待游客超过10万人，在景区做生意的260户牧民每年仅在旅游旺季每户平均至少能增收1万元。

看着来来往往的游客，居马拜克·马尔旦眼馋之余，忍痛割爱，将自己的“羊的士”卖了2500元钱，又一次歇业。

有一天，帮扶干部李秀英对他说：现在的社会发展很快，政府提供了这么优厚的条件，应该换一下脑子，你尝试一下开商店做生意。一年就三个月的旅游旺季，不耽误什么事，还可以增加一笔收入。

居马拜克·马尔旦听了既新奇又紧张，他放了大半辈子羊，大字没识下几个，开商店行吗？

抱着试一试的想法，他向政府申请了一座在巴里坤湖旅游景区的小木屋，摆上自家制作的酸奶、奶疙瘩等，又进了一些民族刺绣品、雪糕和各种小工艺品，华丽转身，成了一名小商人。

他清楚地记得自己第一次卖东西时的“兵荒马乱”。在一个晴朗的日子里，他打开了店门，游人很快多了起来。有买这个的，有买那个的，他心慌、手忙、脚乱，顾此失彼，商品价格也记不住，同一件商品，一会卖高了，一会卖低了，那情形怎一个“乱”字了得。不过好歹把一天撑了下来，下午一盘点，毛利润居然有八百多元。

回想第一次开店卖东西的情形，居马拜克·马尔旦不禁摇头失笑。

收回心神，他像往常一样，打开小木屋，开门迎客。

居马拜克·马尔旦经营自己的小木屋生意

在女儿婚礼上，居马拜克·马尔旦全家人合影

他很快做成了第一笔生意，紧接着第二笔、第三笔……居马拜克·马尔旦游刃有余地接待着各方游客，还时不时说上几句俏皮话，逗得游客哈哈大笑，谁也不知道眼前的这位黝黑的哈萨克族汉子曾经把商品的价格都记得乱七八糟。

一天的热闹归于平静，居马拜克带着纯挣的四百多元钱，心情微醉。从2015年开始，靠着自己的"羊的士"和政府扶持的这座小木屋，他平均每年能增收一万多元。三个月的时间，他觉得可以了。

旅游旺季过去之后，他还可以干其他的事，比如在家饲养牲畜，照看一下孙子，生活自在而悠闲。

他已经好几年没有放过羊了，他将自己的一些羊托养在巴里坤县健坤牧业，不仅省劲儿，每年每只羊还能分得100元红利。

拍拍自己的膝盖，想想政府为自己购买的医疗健康保险，好像腿也不那么疼了，关节炎对他的折磨似乎也没有那么厉害了。

慢慢向家走去，他靠着国家帮扶盖起的新房子已经出现在视线中，他的心中明镜似的，没有政府搭的这个台子，他依然是那个长年放牧的贫困户。现在的生活，他爷爷没过上，他父亲也没过上，他过上了。

他加快了脚步，和人约好的，有人想看看他的“传家宝”：那套被他珍藏的新中国成立后党和国家领导人的画像。毛泽东，周恩来，刘少奇……他在心中默念那些伟人的名字，崇敬之情油然而生。画像是他父亲传给他的，虽然已经发黄了，但居马拜克·马尔旦总是小心翼翼地收藏着，那是他心中最为神圣和朴素的情感。

第二节　准备抱孙子

在巴里坤县城东郊的农丰园合作社办公大楼里，侯丽娟哼着歌，干练地擦玻璃，轻快地拖地，精心地打理大厅里的花卉。见有人到合作社办公大楼来办事，她热情地招呼着。来人看到这里窗明几净，鲜花盛开，发出啧啧称赞时，侯丽娟露出高兴的神情。

侯丽娟是巴里坤县石人子乡曹家庄子村的农民，2013 年 7 月，丈夫患癌症离她而去，留下未成年的孩子，还留下了许多欠账。她喊天天不应，呼地地不灵，一度失去了生活的信心。亲戚、朋友帮她娘俩度过了那段最艰难的日子，她情绪稍有些稳定。后来一系列的扶贫政策惠及她，干部热心帮助开导她，她振作起来了。2018 年，儿子大学毕业，有了工作，在谈情说爱，生活甜甜蜜蜜。她看着儿子的背影，心里盘算着办喜事，准备着抱孙子。当邻居们夸她儿子长得帅，就要领回漂亮媳妇的时候，她哈哈大笑说：准备要抱孙子了，怎么能不高兴？

侯丽娟儿子幸福的小家庭

悲痛欲绝　痛不欲生

2012年，侯丽娟的丈夫身体不适，查出患肺癌，她带着丈夫从县里、市里到乌鲁木齐的医院里检查、住院、会诊、治疗……2013年7月，丈夫抛下她和儿子走了。她习惯了一切都靠着丈夫，没有丈夫，她不会种地，不会养牲畜，不会挣钱，甚至不会生活了！她痛不欲生！如今花尽积蓄还欠下了许多债，儿子也没有长大成人，不知道今后的日子怎么过……

愁眉苦脸　六神无主

没有了丈夫，她整天像丢了魂一样，心神不定，四肢无力，精神不集中，常常以泪洗面。她恐惧、忧虑、无奈、痛苦！看不到前途在哪里，不知道今后怎么办，欠的债怎么还，生活怎么过下去。即便有亲戚朋友的开导，她仍然不愿意出门，不愿意见人，不想和别人来往，家务事也不想干。她也不愿意接受别人的帮助，因为感到自己没有能力回报，不愿意欠别人的。她沉浸在深深的悲痛之中，好长时间走不出丧夫的阴影。

充满希望　勤俭持家

2015年，侯丽娟一家享受到党和政府的扶贫政策。县、乡、村干部经常到她家了解情况，想方设法鼓励她振作起来，帮助解决困难送温暖。政府出钱给她修了安居富民房（建档立卡贫困户等四类人员，建筑面积40—60平方米，每户补助5.5万元）。过年过节，干部们带上礼物到家里慰问她。儿子上高中，学校免学杂费。2015年的秋天，儿子考上了石河子职业技术学院，政府给了生活费（对就读高职、大学期间的新入学大学生给予每人一次性学费救助 5000 元，疆内大学生每月给予 300 元生活费补助，疆外大学生每月给予 600 元生活费补助，全年按 10 个月计算。同时对就读研究生期间的学生给予每人一次性学费救助 7000 元，每人每年生活补助 3000 元）；由于努力学习，儿子还获得了助学金；亲友们也伸出了温暖的双手。

从 2015—2017 年之间，政府给了她家 1 头牛、20 只羊。牛羊都由乡里的合作社托管，每年有 3000 元收入。每年免费发小鸡，鼓励她搞庭院经济，改善生活，增加收入。还安排她从事村里的保洁工作，每月有了 1000 元的收入。村委会又出面帮她联系到离家 200 米的农业合作社农丰园从事一份保洁工作，每月再获得 600 元的收入。家里的土地流转到合作社，每年有几千元的收入。她有了固定的工作、稳定的收入、热心的关怀、真心的帮助，慢慢地，她脸上的愁云消散了，精神振作起来了。

她十分珍惜这份保洁工作，认认真真对待工作，她说：干不好工作，就是对不起党和政府，对不起县里、乡里、村里的关心，对不起农丰园合作社，对不起扶贫的干部。大家都对我这样好，我怎么能不好好工作？我要好好工作，给儿子树立好榜样，让儿子好好学习，好好工作，回报党和国家，不辜负政府、干部、亲戚朋友的期望！

她走出家门，与同事团结友爱互助，还和哈萨克族的同伴布力布丽汗结为姐妹，在工作上互帮互学，生活上互相照应。她对工作一丝不苟，严格要求自己，早出晚归，把工作干得干净利索，得到同事、领导的好评！在劳动中她淡忘了痛苦，得到了快乐，脸上露出了笑容。

回到家，把房子打扫得干干净净，收拾得整整齐齐。在小院子里，种上了十多种蔬菜，打理得井井有条，蔬菜长得很茂盛。自己种的蔬菜吃得很香，吃不完，有的晾干了，有的腌制了，有的送给哈萨克姐妹和一起工作的朋友们，还有出售的。她把小鸡饲养得只只健壮、羽毛发亮，自己舍不得吃，只有儿子回来了，她才肯杀一只。她的家里，陆续添置了冰箱，换上了大彩电、

侯丽娟的养鸡事业

洗衣机。她在干家务的时候，时不时地哼起曲子来！她的生活，过得红红火火，有滋有味！

现在的侯丽娟乐观向上、性格开朗，工作时勤劳，生活中节俭，日子过得越来越好。

2018 年，儿子从石河子职业技术学院毕业，到伊吾县宝山矿业有限责任公司工作，工资高，还有“五险一金”，小伙帅气又干练，有了心上人，两人甜甜蜜蜜天天在联系。

她盼着儿子领来漂亮媳妇，准备抱孙子！每当想到抱孙子，她就偷偷地笑！当有人问她在笑什么，她索性哈哈大笑，说：“就要准备抱孙子了，能不高兴吗？”之后她往往要接着说：“天大地大不如共产党的恩情大！没有党和政府的好政策，没有干部的关心帮助，就没有今天的幸福生活。”

第三节　居拉依·吐尔逊的美好生活

曾经的居拉依·吐尔逊是巴里坤县海子沿乡卡子湖村的建档立卡贫困户。在走出贫困的艰难历程中，他收获的不仅是甩掉了贫困的帽子，更多的是大家对他的尊重、组织对他的认可，还有他心里那份甜蜜的家国情怀。

第一次见居拉依·吐尔逊是在他下班回家的路上，那天他下班早，下午五六点钟的样子。黑色的柏油路向远方逶迤而去，绿树夹道，繁柳成荫。两边的麦田中，麦子已经开始抽穗，绿油油地铺就无边的景色。诗情画意就在眼前。

住进新居的居拉依·吐尔逊（后排中）和家人的合影

中等个头，说话不紧不慢，他偶尔会用手势来辅助表达自己的想法。提到现在的工作和生活，他抑制不住激动：“我喜欢现在的工作，生活过得很好。”

现在，居拉依·吐尔逊是老爷庙口岸的一名护边员。一家5口人，温柔勤快的妻子，颐养天年的父母，还有两个活泼可爱的孩子。家中有牛有羊有马，日子过得有滋有味。

他在老爷庙口岸的护边员工作岗位是政府提供的。像他这种情况，在老爷庙口岸还有不少，在岗的员工中有哈萨克族，也有汉族。这是巴里坤县在扶贫工作中统筹推进“六个一批”中的举措之一。为了解决好贫困户脱贫问题，作为地处祖国西北边陲的边境县，巴里坤县把脱贫攻坚作为维护社会稳定最直接、最有效的结合点，开启“脱贫＋护边员”脱贫模式，将贫困户变成了边境线上的信息员、预警员和哨兵卫士，让他们在守护边境平静与安宁的同时，多了一个脱贫致富奔小康的增收渠道。

居拉依·吐尔逊十分珍惜这份工作，对工作很认真。因为他之前在巴里坤县大红柳峡乡就当过10年的护边员，有工作经验，普通话水平高，工作能力强，为人大方，有亲和力，所以在老爷庙口岸干了不长时间就被大家推举为护边队队长。

从一个建档立卡贫困户到护边队长，是居拉依·吐尔逊最自豪的事情。

他每天按照指令，将护边队员们的工作、生活安排得井井有条。他和他的队员们每天最重要的事情就是巡查南来北往的人群，排查安全隐患。无论是汉族队员，还是哈萨克族队员，他一视同仁，手把手地教队员们如何检查过往的车辆和行人，如何询问，如何发现可疑情况，如何进行宣传等，大家都佩服他，愿意听他调度。

在工作中，他发现部分少数民族队员普通话水平不高，在检查过程中交流不畅，影响工作，就利用下班时间，将少数民族队员组织起来，教大家学习普通话，学习法律知识，教唱国歌和一些流传很广的经典歌曲。这样既提高了队员讲普通话的能力，又传递了满满的正能量。

队员来自各乡镇，刚来时行为难免拖沓散漫。为了改变队员的精神风貌，增强队员的纪律意识，口岸管理处也组织大家进行军训。军训中，居拉依·吐尔逊表现突出，是大家学习追赶的榜样。

“没有国家的好，就没有个人的好；没有大家，就没有小家。我们在这里干活的每一个人，能在一起工作，背后靠的就是国家，国家不给我们提供这样一份工作，我们还不知道在哪里奔波呢。”居拉依·吐尔逊相信，没有国家的关心关爱，他只是一个贫困的牧民。

“我们这里的生活条件很好，除了离县城远些、居民少些，食堂、澡堂、篮球场等生活娱乐设施一概不缺。”每天下班后的时间里，除了组织少数民族队员学习外，他还跑步、打篮球，和大家一起侃大山。“这里就是我们另外一个家。”居拉依·吐尔逊强调。

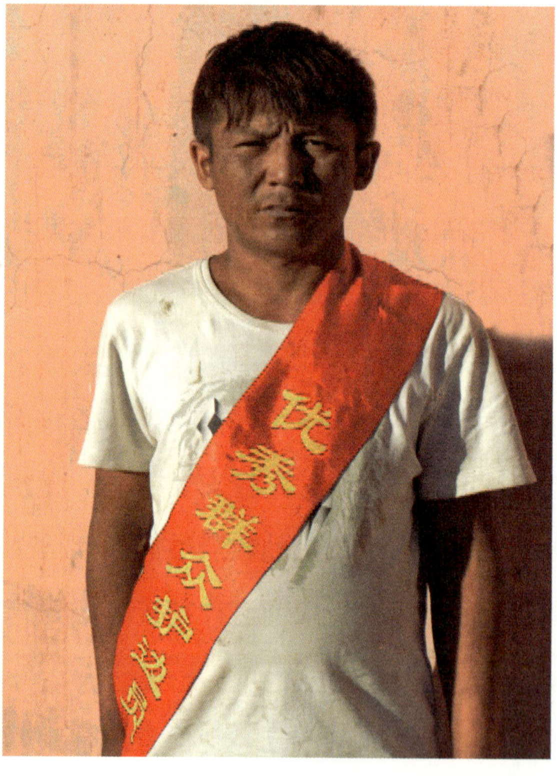

居拉依·吐尔逊荣获“优秀群众护边员”荣誉

2019年，居拉依·吐尔逊被光荣地评为“优秀群众护边员”，他将开表彰会时拍下的照片端端正正地摆放在家里，照片上他身佩大红绶带、眉眼带笑，抑制不住的好心情涌上嘴角，觉得自己30岁的人生达到了一个小高潮。

护边员每月工作15天，领取2000元的酬劳，这是居拉依·吐尔逊对这份工作最满意的地方，因为剩余的时间，他还可以干许多事。

“不上勤的时候，还可以去跑车挣钱，我有10年的驾龄，替别人跑车不成问题。虽然干活的时间短点，只能干一个多月，但工资还可以，能挣4500多元钱。家里有事也可以照顾到。”居拉依·吐尔逊满意之情溢于言表。他年轻力壮，精力充沛，只要老板来电话，他就开足马力奔忙起来，忙碌并快乐着。

居拉依·吐尔逊驾驶汽车拉运货物

脱贫的历程让居拉依·吐尔逊换了一种活法，他似乎打开了致富之门，像衔泥的燕子，不断地经营着自己的小巢。

他媳妇也不甘示弱，因为家里有孩子和老人，不能外出打工，她就把自己的全部精力放在家里，看护孩子，照顾老人，将家打理得干干净净，清清爽爽，解除了居拉依·吐尔逊在外奔波的后顾之忧。她精心饲养家中的马牛羊，喂养政府发放的蛋鸡，心中非常踏实。嫁汉嫁汉，穿衣吃饭，曾经的贫

居拉依·吐尔逊幸福的家庭生活

居拉依·吐尔逊的父亲在合作社担任门卫

困早已经成了她记忆深处的岁月。这个她和丈夫尽心竭力经营的家，现在一年下来收入在10万元以上，她还愁什么呢？她觉得自己的人生挺圆满了。

居拉依·吐尔逊却和媳妇的想法不太一样，觉得现在的生活离圆满还有点距离，他浑身有使不完的劲，什么时候能自己创业，干出一番事业来，什么时候那点距离才会消除。这是居拉依·吐尔逊对美好生活的向往。

以前，居拉依·吐尔逊的父母身体不太好，尤其是他父亲，患有脑梗、高血压，由于生活贫困，一直得不到很好的治疗。脱贫后，随着生活的好转，老两口的身体慢慢好了起来。看到儿子的辛苦，他们也不愿意闲着，找了份为一家畜牧业合作社做门卫的活计。现在，老两口一月也能挣3000元钱，高兴之余，觉得自己比好些老年人活得有价值。

居拉依·吐尔逊的父亲对儿子充满父爱，他希望儿子干好两件事，一是要好好地干活挣钱，二是要好好地报答党和国家。

第四节 “啃老族”蜕变记

“天上的雀娃子，地上的小儿子。”无论哪个民族，家里面最小的孩子（尤其是男孩）总是父母长辈最疼爱的。海子沿乡海子沿村的对山拜·托汗就是家里的小儿子，他和父母生活在一起，靠着父亲的退休金，过着衣食无忧的生活。

对山拜的父亲托汗老爹早早起来，在自家的小麦地溜达了一圈。村里新维修了机井且按时浇灌，再加上雨水充足，小麦长势不错。可地里的燕麦草长势也很喜人，快要盖过小麦的势头。他得赶紧让对山拜往地里喷洒农药，这些活都要他催着对山拜干。对山拜是自己最小的儿子，就像羊群里最调皮的羊娃子，总得撵着走。虽然自己早已退休，但总是对毛手毛脚的小儿子不放心。2013 年，对山拜结婚，娶的姑娘就是邻村的女孩，她干活麻利，长得俊俏。彩礼钱和婚宴钱是老两口的积蓄。想想只要他们小两口生活好，做父母的做出多少牺牲也愿意。2015 年，乡里修抗震安居房，除了政府的补贴托汗老爹又贴了不少钱，为家里盖起了一套 180 平方米的大房子，顺便还在院子里开了一间小商店给对山拜经营。可对山拜贪玩，心思不往店里放，生意也不好。这个小儿子让他操了一辈子的心，什么时候才是个头呀！对山拜 30 岁了还不会一门谋生的本领，让托汗老爹很着急。30 多年，小儿子从未离开自己身边，雄鹰总要展翅去天空翱翔，不然躲在房檐下就成家雀了！虽然托汗老爹总是担忧对山拜的生计，可是他和老伴又很矛盾，总是不愿放手，担心这担心那，父母的溺爱，让对山拜越来越依赖“大房子”。托汗老爹一路心事重重回到了家里，看见一家人围坐一起喝奶茶，唯独不见对山拜，询问儿媳妇才知道，因为昨天去参加“托仪”，对山拜玩到很晚才回家，现在还没起床。托汗老爹想到了地里疯狂滋长的燕麦，一下子愤怒了起来，训斥对山拜：已经是30多岁的人了，从来不操心家里的事情，从来没想过如何做一个好儿子、好丈夫、好父亲。对山拜早已习惯了父亲的呵斥，他也不想去顶撞父亲，干脆用被子包住头，听不见心不烦，继续做他的黄粱美梦。

2017年6月的一天，对山拜心里盘算着，过一段时间就是县里的跑马节了，他想去县城玩几天。看看赛马，在夜市上吃个烤肉，再来瓶啤酒，是多么愉快的事情呀！突然，他隐约听见母亲的哭声和妻子的喊叫声，他冲出房间，看见父亲摔倒在地上，母亲抱着父亲不能动弹的身体泣不成声，妻子害怕得瑟瑟发抖。他猜出是突发脑出血，赶紧连拖带拽地把父亲挪到了床上，父亲吃力地睁开眼睛看着他，嘴角抽动却说不出话来。对山拜满脸泪水紧紧抓着父亲的手呼唤，眼睁睁地看着父亲渐渐没了呼吸，最终离开了人世。这一天是对山拜最黑暗的一天，他觉得天塌了下来，他内心无限悲痛，却又不得不打起精神操办父亲的后事。

在亲友们的帮助下，父亲的葬礼还算办得风光，可是母亲因为父亲的突然离世，身体日渐衰弱，总是按着胸口，连一句完整的话也说不出来。县医院的医生说是心脏的问题。对山拜慌了，他不想再失去一位亲人。他带着母亲去往乌鲁木齐看病，经过确诊，母亲患有严重的心肌缺血。虽然合作医疗报销了部分医药费，但在乌鲁木齐吃住和交通费用也花了两万多元，出院以后，母亲每个月还要吃1000多元的药。因为父亲的离去，家里断了经济收入，母亲患有严重的疾病，自己也没有任何谋生手段，他成了乡里建档立卡的贫困户。

每每看见躺在床上的母亲、嗷嗷待哺的女儿、愁眉叹气的妻子，对山拜的心像被针扎一样。天气越来越冷，过冬的煤还没着落，对山拜整夜辗转，无法入睡。多年来，他从未有过烦恼，此时生活的压力却以排山倒海之势向他袭来，他几乎一夜愁白了头，内心暗暗发誓要担起家庭的重担，让家人过上好日子。父亲曾经工作过的海子沿中心学校，雇用对山拜去学校烧锅炉。这份工作让对山拜每个月有1800元的收入，但每年只能烧7个月，夏天的时间，对山拜种植着自己的小麦地和苜蓿地，此时的他再也不用父亲催促，按时给麦子浇水、施肥、喷洒农药。除了这些，他还想再增加些收入。

自主创业脱贫是打好脱贫攻坚战的重要抓手。巴里坤县委、县政府坚持把就业创业作为"一号工程"，落实创业扶贫政策，全方位提供创业援助和服务工作，加大创业担保贷款支持力度，创优创业就业环境，全面落实金融扶贫政策，对建档立卡脱贫户"两免一贴"金融扶贫贷款给予贴息181.48万元。脱贫户贷款覆盖率97%，获得率100%，满足率100%。在扶贫小额信贷的支持下，建档立卡脱贫户发展畜牧养殖和畜产品深加工，解决了脱贫户发展的资金问题。

2018年乡里给对山拜发放了5000元的创业基金，对山拜去县城进了一批新货，商店的生意慢慢开始好转。后来，对山拜又在政府的帮助下，申请了3万元贴息贷款，他用贷款买了奶牛。奶牛产的奶，他加工制作成奶制品销售，普通的奶疙瘩无法吸引大家购买，他和妻子把奶疙瘩尝试着做成曲奇状，这样的奶疙瘩又好看又好吃，很受欢迎。

过去哈萨克人家烤馕都在馕坑里，冬天烤馕是件很受罪的事情，受冻难熬。如果遇到家里婚丧嫁娶的大事，需要的馕很多，真是件头疼的事情，有些人家不得不去几十公里之外的城里买馕。2018年，对山拜看准了这个商机，和妻子商量托人从乌鲁木齐买回来了新玩意——电烤箱、和面机。这两台产自上海的机器一路辗转来到了对山拜家。大家围着它评头论足。有些老人说，这样烤出来的馕没有了木材和牛粪的味，就不能叫哈萨克的馕；年轻人却说，这样烤馕，不用往馕坑里填木材填牛粪，既干净又省力，机器和面

对山拜·托汗和妻子把哈萨克族传统的奶疙瘩制作成了曲奇状奶制品，受到大家的喜爱

对山拜·托汗的妻子娜孜依帕·卡别尼熟练掌握电烤箱烤馕技术

不费劲还匀称，冬天不冻夏天不晒。大家七嘴八舌，只有对山拜在发愁，和面机花了 900 多元，烤馕机 1600 多元，价格不菲的机器却不能动弹，原来需要三相电源才能接通，自己不懂也不会接电。驻海子沿工作队队员来家里后，了解到了这一情况，协调来了电管所的同志，为对山拜接通了三相电源，并且对着说明书为他们讲解电烤箱和和面机的用法。没几天，对山拜的妻子娜孜依帕·卡别尼就学会了使用电烤箱、和面机，现在的她会烤大馕、小馕、油馕、油酥馍。在冬天，每天几乎都能烤上一袋面的馕，有 80 元的纯收入。

就这样，对山拜和妻子一路摸索，在政府和大家的引导帮助下，生活慢慢变好，政府 3 万元的贷款早已还清。母亲也一直享受着合作医疗的救助，身体逐渐康复。父亲去世 3 个年头，对山拜终于从一个无所事事的“啃老族”蜕变成了能独当一面的一家之主了。

第五节　三个摊子

“小伙子，你多大了？”“21 岁。”面对游客友善的笑脸，哈萨克族小伙子达吾列提汗·巴尔旦总是狡黠地说。实际上他今年已经 31 岁了，因为长得年轻，游客总这样问，他也总这样逗趣。

在和顾客的交流中，达吾列提汗·巴尔旦会用各种方式将自己的实际年龄告诉顾客。生意也总是在这种逗趣中愉快地成交，达吾列提汗·巴尔旦的风趣和幽默也给人留下了深刻的印象。

住进新居，达吾列提汗·巴尔旦一家 4 口的日子更加开心了

达吾列提汗·巴尔旦对自己现在的生活非常满意。用他自己的话说：我们一家 4 口人，正接受义务教育的两个孩子上学不用交学费，学校每天中午还免费发放营养午餐，我和媳妇能在家门口打工挣钱。比起原来，生活好很多。尤其是现在，党和政府给我们搭建了这么好的平台，提供了这么多的就业门路，条件多好，自己再过不好日子，那就真的说不过去了。

曾经，达吾列提汗·巴尔旦觉得自己是世界上最烦恼的人，他的烦恼比草原上的草还多。岁月打在他身上的最大烙印就是“贫困”，钞票花得永远都比来得快。

那一年，初中毕业后，他不想再上学了，就跟人到乌鲁木齐去打工。一开始在碾子沟的一家餐馆做服务员，干了五年，月收入 800 元钱，除去房租、日常生活开支，他兜里几乎剩不下几个钱。后来，他也陆续找过一些工作，但都因为学历低，没有一技之长，挣不了多少钱。

在乌鲁木齐打工期间，他的父亲生了重病，当地医院医治不了，家人就带父亲去乌鲁木齐看病。家里没什么存款，达吾列提汗·巴尔旦不得不更加努力地打工和节省开支。但这样还是留不住父亲的生命，三年后，父亲去世了。送走父亲，紧接着母亲又病了，眼睛看不见，尽管在乌鲁木齐进行了手术治疗，但也同样没有留住母亲。这期间，他的哥哥、弟弟要上学，家里非常需要钱。

那几年，他想方设法地打工，只要能挣到钱，不管是什么活，他都去干。听人说，在煤矿挣钱多，他就又转回巴里坤，去县煤矿打工，成了一名井下矿工。

再后来，他成家了，生活的担子更重了。

他奔波得像一只喘不过气的老牛，总也赶不走贫困的影子。

2014 年的一天，村委会的干部告诉他，经过村委会评定，他家被列为建档立卡贫困户。在政府的帮助下，他住上了安居房。

达吾列提汗·巴尔旦的第一个摊子——在旅游区经营民族特色产品商铺

达吾列提汗·巴尔旦的第二个摊子——出租的充气帐篷

他有了一名帮扶干部，叫曹了古丽，一个暖心的大姐姐。她经常关心他的生产和生活，为他出点子、想主意，帮他创收致富。同时，海子沿乡政府还为他发放了扶贫生产畜，靠着这些生产畜，他慢慢有了 3 头牛、20 只羊。他像扎下深根的芨芨草，日子抽出了绿色的新叶，一天一天好转起来。

2015 年，巴里坤湖景区打造好后，他来到了景区，成了一名保安，虽然工资不高，但离家近，天天可以回家，他觉得也挺好。

来巴里坤湖游玩的客人很多，看到别人家做生意，三个月可以挣不少钱，他也想效仿一下。他申请到了景区的一个摊位，摆上自家制作的奶制品，又从外面进了民族帽子、小食品、玩具等，就在家门口，开始自己为自己打工。

他在摊位上的生意成本比别人的低，因为摊位的租金及帐篷、桌子、水费、电费等都由政府承担，他只管进货，然后出手就好。这个小摊位每年能让他增收一万五千多元钱。

尽管在巴里坤湖景区一年只能红红火火地经营 3 个月的商摊，但达吾列提汗·巴尔旦却从中发现了商机，尝到了做生意的妙处。

他向政府申请了 3 万元的贴息贷款，用其中的一万元购买了一台冰激凌机子，售卖冰激凌，让他的摊点生意火上加火。

这是达吾列提汗·巴尔旦的第一个摊子。

看到当地有些汉族人买了专门的帐篷，出租给办红、白事人家挣租金，他马上看到了其中的商机，购买了一顶帐篷出租。因这种帐篷轻便，不仅空间大，还比毡房好搭建，他的帐篷就是“不愁嫁的姑娘”，出租生意非常好。这顶帐篷每年能为他增收三四万元钱。

这算是达吾列提汗·巴尔旦的第二个摊子。

这个摊子最挣钱，也最省劲。

这几年，随着对湿地的整治，巴里坤的生态环境明显好转，山清水秀，绿草如茵，原来几乎绝迹的荆棘花，一到盛夏便开放得如火如荼。巴里坤花庄子村、头道河子村的荆棘花开得尤其灿烂，远远望去，那遍地的黄花燃烧得让人窒息。2018 年，巴里坤县将这里打造成了一个旅游景点，举办荆棘花节，吸引了大量的游客。

达吾列提汗·巴尔旦早就想在花园乡头道河子村的旅游景点上做点文章，他觉得，政府搭建了这么好的平台，不能更好利用起来太可惜。就在他寻思干点什么好的时候，他那上大学的弟弟回来了，兄弟俩合计一番，就在头道河子村旅游景点上合伙开了一个饭馆，铺开了他的第三个生意摊子。

“去年饭馆开得时间短，挣得不多，也就 4000 多元钱。今年情况要好一些，效益一定会比去年好。”达吾列提汗·巴尔旦信心十足地说。

旅游旺季过去就是秋收时节，转眼漫长的冬季就来了。达吾列提汗·巴尔旦不愿意在家里过那闲得让人长毛的冬季，他就开个皮卡车到乌鲁木齐、

达吾列提汗·巴尔旦的第三个摊子——在头道河子旅游区经营餐厅

哈密等地方拉运货物，一个月能挣个 4000 多元钱。

达吾列提汗·巴尔旦已经不同于他的父辈们。他也畜养牲畜，但牲畜已经不是他唯一的生产资料，放牧也不再是他唯一的谋生手段。他走出了哈萨克族逐水草而居的传统生活模式，见识过外面的世界，一旦有机会，就会有不一样的生活。

现在达吾列提汗·巴尔旦已经脱贫了，在脱贫的过程中，他将全部的智慧释放了出来，去改变他的生活。他的思想很活跃，像一只飞驰在水上的快艇，灵活轻便，他并不拘泥于只做一件事，而选择能干什么干什么。

就像现在这样，一件 T 恤衫、一条发白的蓝色牛仔裤，他每天笑嘻嘻地奔走在他的三个摊子之间，迎来送往，经营着他的生活，忙碌着，快乐着。

手里有了余钱，他还让媳妇在海子沿乡卡子湖村租了一间门面房，边照顾家边卖服装，每年也能挣万把块钱。

达吾列提汗·巴尔旦忙碌地经营着自己的生活

第六节　幸福的歌儿唱出来

“我坐在山顶上，看着美丽的下涝坝，就像梦幻一般。牧民搬进了安居房，耕地有补贴，看病可报销，都是党的关怀，让牧民过上今天的幸福生活……”巴里坤县下涝坝乡哈萨克族牧民努尔木哈买提·沙买提在山包上弹奏着冬不拉纵情歌唱《美丽的下涝坝》。

努尔木哈买提·沙买提站在山包上纵情歌唱

努尔木哈买提·沙买提是巴里坤县下涝坝乡一个普通的哈萨克族牧民，家中兄弟姐妹 4 人。年少时因家庭贫困，作为老大的他，不得不早早地辍学，

努尔木哈买提·沙买提（中）与大家分享致富的喜悦

努尔木哈买提·沙买提（右一）年轻时在旧房屋前骑马的留影

努尔木哈买提·沙买提（中）和家人在新居前合影

放牧干活养家糊口。

下涝坝乡是巴里坤哈萨克自治县少数民族聚居的偏远牧业乡，全乡常住人口 1309 户 4710 人，建档立卡贫困户 367 户 1368 人，其中哈萨克族占 99% 以上，依赖传统畜牧业经济为生。国家脱贫攻坚战略实施以来，下涝坝乡被列入重点乡镇，整村推进扶贫开发建设，下辖的下涝坝村、小红柳峡村、大柳沟开发区三个哈萨克族聚居自然村落按照统一的规划设计标准，完成了 1000 余户安居工程建设任务，配套完善了水、电、路、通信等基础设施，哈萨克族牧民的人居环境得到了彻底改善，村容村貌焕然一新。

作为巴里坤县的西部门户乡镇，303 省道从下涝坝乡穿境而过。抓住公路经济的地缘交通优势，是下涝坝村精准扶贫、精准脱贫的一项有力

下涝坝乡旧貌

下涝坝乡下涝坝村的民居旧貌

下涝坝乡实施安居工程后面貌焕然一新

下涝坝乡小红柳峡村新貌

举措。沿路建设的商业街市，为当地牧民从事修理、餐饮、小商品交易、旅店等服务业提供了就业条件。努尔木哈买提和乡亲们更是抓住这一有利时机，参加双语培训、学习技能培训，有了一技之长后，妻子在家发展养殖，努尔木哈买提则带着一帮年轻牧民投身建筑、装修等行业，修饭馆、修旅社、建文化活动中心……把家乡建设得越来越美。2016 年底，努尔木哈买提所在的下涝坝村也脱贫了。努尔木哈买提家里的收入也从最初一年收入四五千元到现在每月收入四五千元，完成从贫困到富裕的大转身。

生活幸福了，喜爱音乐的努尔木哈买提更是把生活的变迁作为自己创作的源泉，只要有时间，他都会把自己想唱的、想说的记录下来。住在宽敞的安居房里，村里的柏油路修到了家门口，村民们吃上干净的自来水，医院建在家门口，学校是村里最漂亮的建筑，孩子们的营养午餐可口又有营养，外出打工的父母没有了后顾之忧……“我们的生活多么美好，我们的家乡多么美丽”，这一切都成了努尔木哈买提 · 沙买提创作歌曲的素材。近年来，努尔木哈买提 · 沙买提已创作

下涝坝乡街面理发店旧貌

下涝坝乡街面商店新貌

努尔木哈买提·沙买提（右）和乡亲们在务工

努尔木哈买提·沙买提的妻子发展家庭养殖业增收

努尔木哈买提·沙买提（左一）在自家新居里创作歌曲

努尔木哈买提·沙买提（右二）在自家的新房里为大家演唱

出了50多首歌颂党的好政策、歌唱祖国、讴歌新生活的歌词与诗歌，努尔木哈买提·沙买提做梦都想把自己的作品通过歌曲的形式传唱出去。

一曲《美丽的下涝坝》，因其优美的旋律、朗朗上口的歌词，迅速传遍了整个乡镇。而在此之前，努尔木哈买提·沙买提从未想过，自己笔尖的一字一句会伴着流淌的音符，在家乡的土地上响起，而这份小小的成就也让这位草原上的“音乐人”，为自己的音乐梦想推开了一扇窗。

生活越过越好，歌唱也让他变得越来越自信。努尔木哈买提·沙买提说：“看到家乡一年一个新模样，自己和乡亲们的日子过得一天比一天好，我从心底感到高兴，现在乡亲们都在唱我写的歌，我感到很幸福。”

第七节　勤不单能补拙

“喂！ 沙吾列提汗，你们在哪里放羊？ 我来看你们。”巴里坤县海子沿乡尖山子村“访惠聚”干部马滇汗，给牧区放羊的沙吾列提汗夫妇打电话。汽车已无法前行，马滇汗徒步朝着传来羊叫声音的地方走去，终于看到了远处的羊圈子。马滇汗是哈萨克族牧民沙吾列提汗的结对帮扶干部，开展精准扶贫以来，巴里坤县干部与当地贫困群众一对一帮扶，确保脱贫成效。

“今年羊的膘情好，价格也好，我准备把这些羊卖掉，补贴家用。”沙吾列提汗同马滇汗说。看着在羊圈子里忙碌的夫妻俩，马滇汗详细了解他们的

马滇汗在去往沙吾列提汗家的路上

家庭生产、经济收入情况，谋划着未来增收致富的出路。

沙吾列提汗和巴扎汗夫妇是巴里坤县海子沿乡团结村的建档立卡贫困户，家庭贫困时期夫妻俩曾经为花钱买一个西瓜而吵架。2001 年巴里坤县被确定为国家扶贫开发工作重点县，随之一轮又一轮的扶贫开发工作在当地展开。时至今日，沙吾列提汗所在的村，村容村貌焕然一新，当地哈萨克族群众生产、生活、就业、医疗、教育等得到了充分的保障。

沙吾列提汗和巴扎汗家也搬进了新房，帮扶干部马滇汗，经常和他们交流思想，鼓励他们就近转移就业增收致富。在马滇汗大哥的提议下，沙吾列提汗和几个好朋友商量后决定把五家的羊集中在一起，每家半个月轮流放牧，这个办法不单节省了代牧费，而且有了很多自己支配的时间。不放牧的沙吾列提汗试着就近务工，旅游旺季他在巴里坤湖景区从事游客骑马服务项目，秋冬季节他将育肥的牛羊出售，此间的间隙还打零工，家庭经济状况逐渐改善。

2016 年初，村里经过综合评估和筛选，为缺少生产资料的沙吾列提汗家提供了一个保洁员的岗位，妻子巴扎汗便有了一份相对稳定的职业和每月 1000 元的固定收入。次年，巴里坤县经申请和反复核查确认，通过国家脱贫攻坚成效第三方评估验收，在新疆率先脱贫。脱贫之后怎样巩固提高又成为帮扶干部马滇汗苦苦思考的问题。他依旧经常到沙吾列提汗家，帮助他们夫妇改变观念、克服“等靠要”的思想，给家庭做一个发展规划，确保不再返贫。在帮扶干部马滇汗的帮助下，沙吾列提汗和巴扎汗申请了 3 万元扶贫贷款，修建了棚圈发展养殖业，从事旅游服务业。甩掉贫困帽子的沙吾列提汗和巴扎汗致富的信心更加强烈了。天道酬勤，沙吾列提汗和巴扎汗 2018 年在巴里坤湖景区务工收入 11600 元，育肥养殖收入 5800 元，生产母羊托养分红 2400 元，草场补贴 1460 元，环卫工收入 12000 元，一年 3 万多的收入让沙吾列提汗很开心。

脱贫之后的沙吾列提汗和巴扎汗，头脑更灵活了。旅游旺季来巴里坤湖的游客中有很多摄影家和画家，得知有游客有民宿住宿需求，沙吾列提汗就主动邀请他们到家里看看。看到窗明几净的居家环境，游客都喜欢住在他们家。每间房子每天有 100 到 200 元的收入，巴扎汗负责给客人做三顿饭，旅游旺季的这些收入让他们的小日子锦上添花。2020 年 6 月，他还完了 3 万元的扶贫贷款，昔日贫困的沙吾列提汗彻底打了个翻身仗。满满的致富信心和开心知足的幸福洋溢在小两口的脸上。

从事游客骑马服务项目的沙吾列提汗（左）

脱贫致富后的巴扎汗起早贪黑地在院子里开辟了一个很大的菜园子，红萝卜、白萝卜、洋芋、大葱、时令的小白菜、菠菜等蔬菜样样俱全，菜园子茂盛葱绿，这在牧区是不多见的。“春夏秋冬我们几乎不买菜，园子里的菜基本够我们吃了！”巴扎汗很自豪，园子里没有一点农药化肥的蔬菜生机盎然。

2019 年巴扎汗学会了理发技术，在村里开了理发店为村民们理发。她

巴扎汗家生机盎然的菜园子

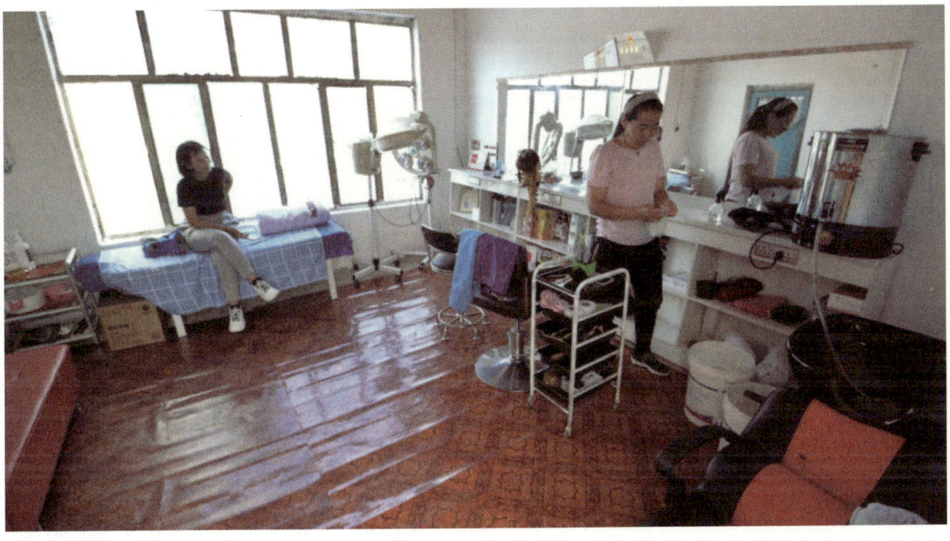

巴扎汗的理发店

用自己的双手勤劳致富，“饥荒年都饿不死手艺人”，在如今大家都十分讲究生活质量、一个比一个爱美的时候，她的生意十分红火！天道酬勤，勤不单能补拙，更能创造幸福的生活。

02

Chapter

团结的活力

巴里坤的历史告诉我们，各民族只有像石榴籽一样紧紧抱在一起，伟大祖国才能繁荣昌盛，人民才能安居乐业。

第一节　牧业村有位女支书

“我们的书记‘丫头’从北京回来了！”

“书记‘丫头’受到习主席的亲切接见了，快给我们说说，北京跟我们在电视里看见的一样吗？”

2019 年 7 月 1 日，在巴里坤县奎苏镇牧业村院内，当地哈萨克族群众拉着刚从北京载誉归来的村党支部书记周凤霞的手，兴奋不已。在他们

奎苏镇牧业村党支部书记周凤霞

心里，因为周书记的这次北京之行，让首都和新疆这个偏远的小小村落之间的距离不再遥远。而当选为全国“人民满意的公务员”，书记“丫头”当之无愧。

走近群众，做牧民最贴心的人

巴里坤县奎苏镇牧业村是一个以牧为主的哈萨克族聚居村，也是巴里坤县扶贫开发重点村，全村总人口 218 户 684 人，哈萨克族占到 99.7%。2009 年 2 月，时年 39 岁的周凤霞跨村任职，担任该村党支部书记，在 2012 年村级换届选举中当选为村党支部书记兼村委会主任。

自担任牧业村党支部书记以来，她带领村“两委”班子的 7 位少数民族兄弟姐妹组成了农牧民的“主心骨”。他们携手奋进，勠力同心，通过建强基层基础，倡导现代文明生活方式，倾力脱贫攻坚。这个哈萨克族聚居的村

周凤霞（右）同村民一起做奶疙瘩

周凤霞（右）走访牧业点

周凤霞（右）为生病的老人送药

庄从过去的脏乱差变身为哈密市先进基层党组织，美丽乡村示范村，农村人居环境整治示范村……

心里装着群众，才能做好工作。作为一名汉族女干部，到牧业村任职后，周凤霞成了村里唯一的一名“少数民族”。上任之初，她走遍每一个牧业点，走进每一个农牧民的毡房，一边向牧民学习民族语言，学习牧业知识，一边了解哈萨克族的风俗人情。

慢慢地，性格开朗的她就和哈萨克族牧民结成了朋友，变成了亲人。每逢民族传统节日，她都要带领村“两委”成员前往祝贺慰问，与农牧民群众一起座谈，共度节日。

通过进家入户，她掌握了每户牧民的基本情况。谁家生活困难，谁家有老人生病，谁家孩子上学困难，周凤霞都会记挂在心。

2009 年春天牧民遭受雪灾后，由于草料短缺，牲畜困乏，难以越春。为解决燃眉之急，她带领村“两委”班子成员带头捐款，捐草料，帮助牧民渡过了难关。牧民的感激之情无以言表。

牧民们一声声道谢，一句句真诚的话语，小孩子一声声“书记妈妈”，震撼着她的心灵。从那时起，周凤霞心中就坚定了一个信念：带领群众，过上他们想要的生活。坚守着这个信念，她无悔付出，默默品味着其中甘苦。

2014 年，周凤霞借助村里实施整村推进项目，开展了农村人居环境综合整治工作，拆除违章建筑。牧民杰盘·库克（化名）执意不拆除自家废弃的棚圈，周凤霞登门了解情况，他闭门不见。周凤霞守候在他家院外，晚上 10 点左右，他出门倒垃圾看到了周凤霞，得知她连晚饭都没吃，同意她进屋聊聊。周凤霞一遍遍地讲解庭院改造、环境提升的好处，并把他带到环境靓丽、卫生整洁的邻村观摩，他终于答应拆除了。可是当村干部拆除棚圈的时候，他二话没说，一口痰就吐到周凤霞的身上，当时周凤霞的眼泪止不住地流了下来。

周凤霞（前）同村民一起劳作

小孩子和他们的“书记妈妈”

杰盘的行为，引起在场村干部和村民的公愤，大家执意要处理他，周凤霞却出面制止了此事。她继续动之以情地做杰盘的思想工作，最终杰盘同意拆迁。

2015 年，牧民阿布来·赛力克斯一家要盖定居兴牧房，虽说有国家的补助，但他手头还差几千元钱，他第一个想到的就是向周凤霞借钱。他说：“2013 年我的姑娘想借钱买车，我就找周书记借了 1 万元钱，她就像我的姊妹一样。”

阿布来已记不清找周凤霞借过多少次钱了，直到现在，他还欠着周凤霞 1 万元钱，而周凤霞自己也不记得给村里的牧民借过多少次钱了。牧民谁家有困难，她都会伸出援助之手。结对亲戚马哈巴·萨德克的儿子杰恩斯别克想做牲畜交易，周凤霞又资助了两万多元启动资金。

服务群众，做牧民最暖心的人

周凤霞始终坚信，只要把牧民生产生活中的点滴放在心上，他们就会把你当亲人。到牧业村任职后，她克服语言不通的困难，走家入户，拉家常说家事，了解群众生产生活中的困难，想方设法为他们办实事、办好事。出现矛盾纠纷，她尽量做到“小事不出村，大事不出镇，矛盾不上交，就地化解”。

村里 36 户牧民有 500 亩退耕还林地，几年来因管理不善，林木成活率达不到补贴标准，农牧民三天两头到村里找，到镇上上访。了解实际情况后，周凤霞召开了专题会议，结合实际，制定了严格的科学管护制度。同时动员牧民补种了两万余株苗木，并加强了管护，当年林木成活率达 98%，牧民们享受到了国家和自治区的优惠政策补贴。

周凤霞（中，领誓者）用行动实践着党旗下的誓言

“农村富不富，关键在支部。”牧业村是巴里坤县脱贫攻坚重点村之一，周凤霞和村党支部一班人根据县里出台的生态补偿、产业扶贫等“十大专项”精准扶贫政策给予贫困户扶持，借助当地打造旅游景区的机遇，鼓励牧民发展庭院经济和牧家乐，借助高山气候条件大力发展养殖业，积极为牧民进行技能培训，牵线搭桥引导群众高质量精准就业。

村民哈依拉提·铁开一度靠低保过日子，党支部帮他分析致贫原因和自身优势，引导他学习技能，考取驾照，外出务工。现在哈依拉提·铁开和妻子一起到哈密市，一个在驾校当教练，一个在超市务工，每月固定收入有5000元左右。他说：“我们现在都年轻，党和政府帮我们渡过了难关，现在得靠我们自己的双手过上自己想要的生活。”

为进一步改善群众基础生活设施，2014年周凤霞和村“两委”借“访

为进一步改善群众基础生活设施，周凤霞积极争取项目资金

惠聚”工作队力量，积极争取项目资金，完成 53 户自来水入户工程，解决了 280 余人饮水难问题；2017 年，她和村“两委”积极争取项目资金，实施了村内、院内路面的硬化和铺装、村内道路亮化、垃圾清运、户厕改建、院墙改建、水冲式公厕及便民服务中心等工程建设，实现新农村“便民九进村、利民九入户、惠民九到人、成效十满意”全覆盖。

2017 年，牧业村 36 户 138 人贫困人口如期脱贫，贫困村退出贫困序列，达到国家验收标准并顺利通过脱贫攻坚国家第三方评估验收。

团结群众，做牧民最知心的人

在巴里坤，每个工作岗位，都是推动民族团结事业进步的舞台。周凤霞坚持从自身做起，从点滴做起，在与牧民同胞接触交往的日常生活中，注意尊重各民族的传统文化、风俗习惯和宗教信仰，多说有利于民族团结、社会稳定的话，多做有利于民族团结、社会稳定的事。

村里的 8 名女党员和 4 名女致富能手在她的引领下，组建了“爱心妈妈”团队，结对帮扶困难家庭、军属、孤寡老人、留守儿童。通过“民情恳谈会”，村党支部收集群众困难诉求，逐一协调解决。改造了北山浴羊池，搭建了影响牧民转场多年的便民桥，设立了电商购物平台，建造了耕地围栏……一件件好事实事，让党支部的凝聚力、向心力显著增强。

定期组织农牧民群众学习党的方针政策和农业科技知识。在农忙时节，充分利用电教设备和现代远程教育，帮助农牧民提高致富本领。坚持寓教于乐，经常举行以民族团结为主题的文艺汇演、茶话会、红歌比赛活动，让牧

周凤霞（左三）到牧民家里入户访谈

奎苏镇牧业村“民族团结一家亲”结亲大会

民从丰富多彩的文体活动中，增强民族团结的意识。他们通过帮助牧民致富、丰富牧民文化生活，不断增强牧民群众的向心力，也有力提升了村党支部的凝聚力。

为进一步丰富群众的文化生活，周凤霞多方筹措资金，规划建设农家书屋。现在，大家闲暇时可以漫步林荫大道，嗅嗅扑鼻的花香，可以在书屋里看看书、下几盘棋。在周凤霞的带动下，如今的牧业村已逐步发展成为一个经济发展、诚信文明、群众富裕、尊老爱幼、邻里和睦的社会主义新农村。

作为党员干部，周凤霞深知自己的一举一动都会直接或间接影响到身边同事的工作热情。她总结到，做好群众工作还应该具备“六心”：要有一颗忠诚的心、一颗大爱的心、一颗朴实的心、一颗睿智的心、一颗进取的心、一颗担当的心，这才是我们对人民群众的担当，我们才能真正做到上不愧党、下不愧民、内不愧心。

周凤霞当选为“人民满意的公务员”的荣誉证书

多年来，她用自己的爱心让各族群众感受党的温暖，用自身的言行感召周围的同志，让“共产党员”这一光荣称号在自己身上闪耀发光。2019 年 6 月 25 日，周凤霞当选为“人民满意的公务员”。面对荣誉，周凤霞说：“作为一名基层工作人员，我只是做了自己应该做的事情，党和政府却给了我如此殊荣，这是对我的激励，更是对我的鞭策。激动之余我也倍感振奋，我会珍惜这份荣誉，‘不忘初心，牢记使命’，在自己的工作岗位上，勤勤恳恳，尽职尽责，不辜负组织和群众对我的信任，不辜负‘共产党员’这个光荣的称号。”

第二节　两家人　四世情

“安全、安定、快乐、幸福。”说起自己的晚年生活，奎苏镇二十里村85岁的村民张吉祥很感慨：“新中国成立70年，巴里坤的变化日新月异，社会稳定，民族团结，百姓生活富裕……我和老伴衣食无忧，还有4个汉族儿女、8个哈萨克族儿女照料，日子过得很舒心。”说话间，老人为笔者讲述了跨越时空九十年，将心比心、以心换心、知恩图报的“一斗青稞四世情”的故事，而故事体现出的正是“民族团结一家亲”的真情。

一诺千金：一斗青稞四世情

“爸爸！身体好吗？妈妈身体也好吧？今天我们过来接你们到我们家住几天，孝敬孝敬你们行吧？”“行，我们去。”这天一大早，哈萨克族牧民热斯汗·索勒塔汗专程从100多公里外的伊吾县前山乡来到二十里村张吉祥儿子张建新家，接他的汉族父母亲——张吉祥夫妇去他家住一段时间。

一个家在巴里坤，一个家在伊吾，相距100多公里，两家人是如何结成亲戚的？这个故事还得从张吉祥的父亲张盼贵和他的兄弟努尔哈森·帕孜力的交往说起。张吉祥打开了记忆的闸门：“90多年前，我父亲和努尔哈森在昌家庄子的一个大户人家打长工，他们常在一起劳动，时间长了，感情也越来越好，后来就结为兄弟。那时候，干一年的活，工钱就是一斗青稞，生活很困难，家里经常是吃了上顿没下顿，努尔哈森家孩子多，生活更困难。”

张吉祥（左四）与妻子梁秀芳（左五）在热斯汗（左三）家做客

张吉祥把记忆的画面拉回到 1929 年 12 月那个风雪交加的夜晚。当时，努尔哈森家里已经揭不开锅了，小儿子又病了。妻子要他赶紧想办法，瘦弱的努尔哈森低着头，半天无言，因为能借的人家都借遍了。风雪里，响起了敲门声。张盼贵拎着一个口袋走了进来："兄弟，听说孩子病了，我来看看，家里也没什么可带的，这儿还有一点青稞，我拿过来了，你想办法给孩子弄点吃的吧。"那个冬天无比寒冷，但努尔哈森一家却被暖暖的友情包围，张盼贵带来的一斗青稞，救了他小儿子的命，也帮助他们熬过了那个寒冷的冬天。这就是爱！这就是恩！

一年后，因为土匪闹事，努尔哈森一家去了青海。可两家人一直相互惦记。12 年后，这一家人又回到了巴里坤，努尔哈森回来的第一件事就是找张盼贵，并在二十里村住了下来。欢笑、泪水、拥抱……两家

（第一代结亲人物）努尔哈森夫妇

（第一代结亲人物）张盼贵夫妇

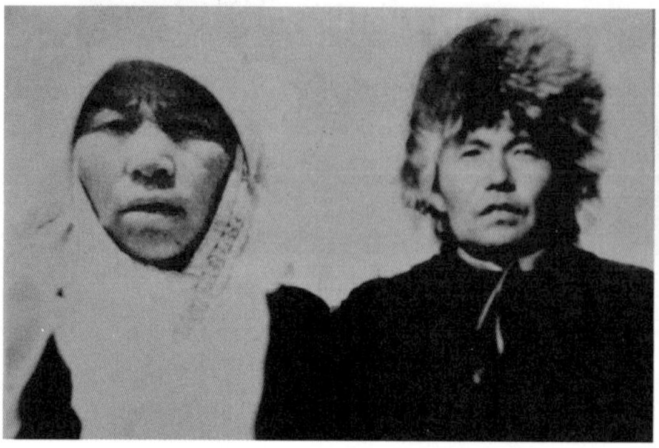

（第二代结亲人物）索勒塔汗夫妇

（第二代结亲人物）张吉祥与妻子梁秀芳

人又见面了，十多年的时光流逝了，但他们当年结下的深厚情谊始终未变。张吉祥说：“两个爸爸约定，以后两家就是亲戚，每一代的长子都要结为兄弟，将这份亲情代代传递。”这是爱的呼唤，这是心的交流。这呼唤迅速得到回应：“以后每一代的老大，都要结为兄弟。”两家人还约定，结为兄弟的时候，都有一个特殊的仪式，各自都要抓一大把青稞放在同一个匣子里…… 一诺千金！ 两位老人做到了，他们下面的三代人做到了——长子结为兄弟，互相走动，互相帮助。

在张吉祥家的院落，一副写有“一斗青稞四世情，汉哈干亲结同心”的对联格外引人注目。这副对联弘扬的是新疆各民族“心连心、手拉手”

的好传统，突出的是“坚持各民族共同团结奋斗、共同繁荣发展”的主题。

有一种爱，不求天长地久，只想在生命的漫长岁月里相互珍惜，能多远，就多远；有一种情，不求朝暮相见，只想在灵魂的深处相互依偎，能多久，就多久。这话应该就是这两家四代人的真实写照。

两家人四代结亲事迹漫画

张建新家大门上民族团结的对联

知恩图报：守望相助结同心

张吉祥指着墙上挂着的他父亲和努尔哈森的照片说道：“在那个艰难的岁月里，要没有努尔哈森的帮助，我们家真不知道会过成啥样子。”中华人民共和国成立初期，张盼贵家分到了土地，可因没有耕牛，影响了收成。努尔哈森知道后，送给他们家 3 头牛。“从那以后，我们家的温饱问题解决了，日子过得也越来越好。”张吉祥说。后来，虽然努尔哈森一家搬到了伊吾县，但两家人还是经常来往。

1975 年 6 月，努尔哈森的妻子患了气管炎，在北山的牧区无法治疗。努尔哈森的孙子热斯汗·索勒塔汗回忆：“之前，听父亲给我讲过这件事，当时奶奶病了，汉族爷爷用毛驴车把奶奶接到了他们家住了一个多月，每

两家人日常交往的合影留念

天带奶奶到奎苏镇卫生院打针，给奶奶做饭、熬药。”

古人云：“知恩图报，善莫大焉。”中华民族传统美德已经深植在两家人的骨髓里。结亲还在接力，故事还在延续，但却赋予了新的内涵——团结互助，两家人拧成一股绳，共同创造美好生活。

改革开放后，热斯汗·索勒塔汗看到张建新跑运输挣了钱，也想跑运输。在张建新的帮助下，热斯汗·索勒塔汗也买了车跑起了运输，1998 年 10 月的一天，热斯汗·索勒塔汗的大车坏在奎苏镇。为了方便修车，他在张建新家住了 20 多天。热斯汗·索勒塔汗说：“张建新大哥每天帮我修车，嫂子每天给我做好吃的，就跟在自己家一样。”张建新说：“热斯汗·索勒塔汗兄弟也给了我很多帮助。”两家第三代的 12 个兄弟相互帮助，兄弟齐心，其利断金。日子过得越来越好。

崇德向善：好家风代代相传

“天下之本在家。”“一斗青稞四世情”的感人故事，与两家人注重家庭、注重家教、注重家风有着密不可分的联系。如今，好家风已经铭刻在两家人的心中，融入两家人的血脉中，成了支持他们生生不息、携手向前的重要精神力量。

张建新的妻子，二十里村村委会副主任高彩萍说：“从我嫁入这个家就常听公婆讲起两家人的故事。两个爷爷去世的时候，也都留下遗言要世世代代呵护两家人的情缘，他们始终没有为生计奔走四方忘了人间真情，也没有因为遥远的距离割断相互之间的真情…… ”在公婆的影响下，高彩萍不仅主动维护和热斯汗·索勒塔汗的情谊，2017 年儿子张旭东结婚，热斯汗·索勒塔汗带着儿子哈林木和家人前来祝贺，两家人为张旭东和哈林木举行了第四代结亲仪式，让世代的友情继续传承下去。

（第三代结亲人物）热斯汗（右一）和张建新（左一）两家结亲的合影

热斯汗（右二）和高彩萍（左二）两家日常交往的合影

参加第四代结亲仪式时两家人的合影

两家人在过节时的合影

高彩萍的婆婆梁秀芳是一位有着二十多年党龄的党员，对高彩萍的要求一直都很严格。高彩萍担任村干部后，梁秀芳一直提醒她要把工作干好，不能自私自利，要常为他人着想。在公婆的言传身教下，高彩萍从一名普通群众成长为合格的党员村干部，一心为公不谋私利，深受村民的爱戴。

正是因为有张吉祥、张建新和高彩萍这些热心维护民族团结的人，才使奎苏镇民族团结的氛围日益浓厚，各族群众在生产生活中相互帮助，谱写了一曲民族团结的赞歌。

第三节　从山野到超市

卡克巴提·奴尔木汗住在萨尔乔克乡苏吉西村。在哈萨克语里，“萨尔乔克”的意思是“黄色的山”。海拔 2500 米到 3000 米的巴里坤山，东高西低。这里雨量充沛，牧草丰茂，是良好的夏季牧场。过去的很多年里，卡克巴提·奴尔木汗的祖父、父亲和乡亲们一起，在巴里坤山西南部这土黄色的山野上搭建毡房，放牧牛羊，过着自给自足却始终不富裕的生活。

卡克巴提·奴尔木汗（中）在照顾羊群

父亲去世早，卡克巴提·奴尔木汗初中毕业后，就接过父亲手中的羊鞭，开始像个大人那样帮助母亲谋划一年的生活。在以牧为主的萨尔乔克乡，羊群是他们赖以生存的主要来源，他赶着那些羊群年复一年行走在牧场上，一直走到36岁。

36岁这年，卡克巴提·奴尔木汗的放牧收入达到了他们家的“历史新高”，坐在装修一新的富民安居房里，卡克巴提·奴尔木汗掰着手指算了一笔家庭收入账：“今年我一共卖了65只大羊，一只1200元；卖了23只当年的羊娃子，每只850元。光卖羊就有了将近十万块钱的收入。工作队帮我们联系，这些羊全部直接卖到了大城市的大超市，因为都是经过品种改良的羊，产肉多、肉质好，每只羊比以前平均能多卖出200元左右。”

卡克巴提·奴尔木汗（左二）接受采访

他给我们每人倒上一碗奶茶，继续聊："我最困难的时候，因为生病，干不了重活，两年时间几乎没有收入，都是政府和亲戚朋友帮我渡过难关的。躺着吃饭的滋味不好受，现在，我能干了，我就得好好干，这样，我高兴，我的老婆高兴，我的孩子们都高兴。"

不愿意"躺着吃饭"的卡克巴提·奴尔木汗自己给自己定了个小目标：让明年的收入能再翻一番。他信心满满地说："我第一次挣到这么多钱，这些钱我不能乱花，我要留着再多买些生产母羊，明年我要争取卖出200只羊。"

这种底气，源自萨尔乔克乡党委政府和"访惠聚"驻村工作队近年来对当地群众发展现代牧业的引领和支持。

苏吉西村位于巴里坤县城以西40公里处，天然草场辽阔，牧草肥美。近年来，在萨尔乔克乡党委政府和驻村工作队的引领下，当地畜牧业走上良性发展的快车道，增收效果明显，农牧民群众高兴地说，"好政策加上好干部，我们也能靠养殖发'羊'财"。

哈密市农业农村局驻巴里坤县萨尔乔克乡苏吉西村"访惠聚"工作队入驻后，积极和乡党委政府对接，走访群众，了解制约苏吉西村畜牧业发展的瓶颈。他们和村"两委"班子成员一起，辗转于哈密各养殖场、屠宰点，多方考察调研，结合苏吉西村的现状，积极培育优势产业，确定以产业化思维大力发展肉羊产业。

针对苏吉西村实际情况，工作队大胆探索，引导村民组织起来，成立村集体经济合作社，实行"民办、民管、民受益"的原则，建立"利益共享、风险共担"的利益联结机制，由合作社统一收购牧民的羊只，育肥后出售。育肥后每只羊平均增重3公斤，仅育肥就实现增收3万多元。

当地群众之前一直饲养的哈萨克土种羊，都是大尾巴羊。卡克巴提·奴尔木汗说，那种大尾巴羊在市场上不好销售，因为尾巴油脂就有4公斤左右，顾客都不太愿意要，很多时候他们只能自己留下来用作烹炸包尔萨克（一种

“访惠聚”工作队走访群众

卡克巴提·奴尔木汗（左一）给羊称重

哈萨克族食品）的油料。

工作队入驻后，根据市场需求，在农牧民群众中广泛宣传产业发展、良种先行的道理，并做好杂交改良示范，用国外优质肉羊萨福克、杜泊等品种为父本，免费改良本地土种羊，不断提高农牧民养殖效益，实现牧民养羊效益最大化。2018 年改良本地土种羊 1700 多只，新增收入 30 万元，人均增收 150 元，极大地调动了牧民品种改良的积极性，促进了苏吉西村肉羊产业规模化、标准化发展，实现了农牧民增收和产业发展双赢的良好局面。

美丽的苏吉草原辽阔无垠，生态良好，优质牧草和多种野生植物让这里产出的原生态羊深受消费者青睐。在这之前，牧民卖羊的途径主要依靠羊贩子上门收购，降级压价，无序竞争，高品质好羊却卖不上好价钱。

工作队为帮助牧民掌握羊肉销售主动权，扭转被动销售、受制于人的现状，借助行业优势，依托哈密市农业农村局畜产品溯源系统，和天马商场建立羊肉购销关系。天马商场以高于市场 3 元的价格购买苏吉西村可溯源高质量羊肉，每只羊又可增收 50 元。2018 年 7 月 20 日，第一批 60 只羔羊送往天马商场的三个门店，拉开了萨尔乔克乡可追溯原生态羊肉供应哈密市场的序幕。

工作队第一书记马春江介绍说，建立和运行肉品可追溯体系，相当于在流通环节安了一道“安全阀”。有了这个追溯体系，消费者在购买羊肉的同时，也就自动获得了与之相关的肉品信息。要想知道其肉品是来自什么地方、属于什么品种、是否经过检验等，通过手机扫一扫就能了解得一清二楚，这样就可以使羊肉来源可追溯、去向可查证、监管有依据、责任可追究成为现实。这就意味着，如果哪一块肉出了问题，消费者都能够利用二维码追溯到这块肉从出生牧场，到加工，再到运输等任意环节的责任方。

“访惠聚”工作队与卡克巴提·奴尔木汗（右）讨论草原畜牧业生产技术

天马商场的优质生态羊柜台

消费者通过手机扫一扫了解生态羊信息

可追溯的生态羊肉一经投放市场，引起广大消费者的极大关注。哈密天马商贸有限责任公司与哈密市农业农村局联合萨尔乔克乡打造可追溯放心羊生产基地。“访惠聚”工作为每只羔羊佩戴一个“身份证”——含电子芯片的耳标，并通过专业手持终端实时上传羔羊的相关信息至追溯体系综合服务平台。这样一来，只需扫描产品二维码，即可获取羊的品种、年龄、生长方式以及出自哪家牧户等全部信息。

羊肉追溯体系的建设，使整个环节标准化，让当地群众的羊肉直入超市，身价大增。祖祖辈辈依循传统模式放牧的当地群众开了眼界，长了见识，鼓了钱包，增了信心。依靠养殖发“羊”财，圆了牧民的致富梦。

顾客扫码查验到的生态羊产品供应链溯源系统

第四节　“嵌入式”居住　住出浓浓邻里情

8月的巴里坤草原草长莺飞，空气中弥漫着牧草的缕缕清香……“唰！唰！唰！”伴随着扇镰发出的声响，成熟的饲草被收割成堆。三位老人挥舞着镰刀在草原上劳动。“达列力，今天我们给你们家帮忙打草，冬天羊肥了去你们家吃肉，咋样？呵呵！”朱文刚说。“没问题，不用等到冬天，过两天就是古尔邦节，过节的羊我早都准备好了，请你和哈依宁一块来吃肉，呵呵！”达列力·阿合曼笑着回答。8月初是巴里坤草原收获饲草的季节，当地农牧民群众家家户户都来到草原上打草，为越冬的牲畜储备草料。

朱文刚（中）、达列力（左）和哈依宁（右）在草原上收割饲草

巴里坤县大河镇康乐小区

朱文刚（左二）与哈萨克族邻居达列力（左一）和哈依宁（右一）在小区里走过

朱文刚（右一）看望哈萨克族邻居家的老人

朱文刚、达列力和哈依宁三家都是2016年搬到大河镇康乐小区居住的，他们是一个小区里的邻居。有句老话叫“远亲不如近邻”，说的是人在遇到急难事儿的时候，远方的亲戚就不如近旁的邻居那样能及时给予帮助，表示邻里之间关系亲密和睦。家住大河镇康乐小区的汉族老人朱文刚和哈萨克族邻居达列力·阿合曼、哈依宁·霍贾对此深有体会，虽然属于不同的民族，但他们亲如一家人。朱文刚的子女们常年在外地工作，大部分时间只有老两口在家。刚入住小区时，朱文刚结识了这两个哈萨克族邻居，每逢朱文刚家中遇事，他的这些邻居们总会出手帮助，朱文刚老人也力所能及地帮助他们，一来二往间，邻里之间产生了深厚的友谊。

达列力和哈依宁都是从萨尔乔克乡自流井村搬迁到大河镇的，他们两家以前都是在山区靠放牧维持生计，两家也都是村里建档立卡的贫困户。2016年定居在村里后，享受到国家的扶贫政策，不但住进了政府补贴修建的安居富民楼房里，还发展种、养殖业，日子慢慢好了。由于达列力和哈依宁一直在山区放牧，没有种植经验，刚来大河镇的时候，家里连种地需要的工具都没有。对于种地老把式朱文刚来说，这不是件难事。朱文刚主动带着农用工具来到两家地里，手把手地教他们播种、施肥、浇水、收割。现在他们都是种地的“好手”。经过几年的打拼，达列力和哈依宁两家不但脱贫了，还有了生活积蓄。“我刚来这儿的时候，地也不会种，朱文刚老人教种地，还教我们种胡萝卜、卷心菜、韭菜、辣子、茄子等蔬菜，我到这里三年多，这里生活环境好、邻居们也特别好。”达列力对我们说。

2018年3月，朱文刚患病住院治疗期间，达列力和哈依宁两人轮流照顾朱文刚，送他住院，帮助办理住院手续，往医院送饭，在朱文刚打点滴和做雾化治疗的时候，达列力和哈依宁也都轮换着守在身边，悉心照料着。同病房的病友风趣地对朱文刚说：“一开始，我还以为他们是你的兄弟，可咋看咋不像，后来才知道你们是邻居，你们邻里之间的友情让我特别感动。”

朱文刚（右）和哈萨克族邻居达列力查看小麦长势

朱文刚（左一）与哈萨克族邻居达列力（左二）和哈依宁（右二）夫妇在一起聊天

巴里坤县大河镇康乐小区里和睦相处的各族群众

哈萨克族邻居达列力（左一）和哈依宁（右一）夫妇看望病愈的朱文刚（右二）

朱文刚（左一）和哈萨克族邻居达列力（右一）夫妇在一起炸馓子喜迎古尔邦节

朱文刚（左一）在哈萨克族邻居达列力（中）家做客

巴里坤县3.84万平方公里的热土上，生活着汉族、哈萨克族、维吾尔族、蒙古族等13个民族的10.5万名草原儿女，其中哈萨克族占35.8%。从2010年开始，巴里坤县不断加快安居富民、定居兴牧工程建设，陆续建成“各民族嵌入式居住小区”，推动了各民族群众的交往、交流和交融，各民族群众生活在一起，大家互相帮助、互相学习交流，营造出团结和谐的社会氛围。

第五节　下涝坝村的“卓力巴斯士”①

从加肯·哈吾合什的故事说起

在下涝坝乡下涝坝村，提起哈萨克族小伙子加肯·哈吾合什，村里的人会给他这样的评价：“以前我们村最穷的人是加肯·哈吾合什，现在么，村里最能干的人也是加肯·哈吾合什。”

穷，对加肯·哈吾合什来说曾是一场噩梦。他十六岁时，母亲和妹妹相继患了“很重的病”，两人都是胃肠癌，一家人的生活模式基本上就在打工、挣钱、看病、还钱的过程中循环往复。即便这样，还是没能挽留住生病的亲人。只有初中学历的加肯·哈吾合什想改变自己的生活，却苦于没有一技之

加肯·哈吾合什的修车小铺

① 意为“带头人”或“领头羊”。

下涝坝村迎新春联谊会合影

长。看到村民牧羊的方式由骑马逐渐变成了骑摩托车，加肯·哈吾合什琢磨着要去学习一门摩托车修理技术。

2014 年，用加肯·哈吾合什的话说，“我们赶上了好政策”。哈密市民政局的干部到下涝坝和当地村民结对认亲，这些来自“大城市”的亲戚不仅给他们送来毛毯、面粉、食用油等慰问品，给孩子们带来各种书籍，还给他们带来各种“致富”的点子。

起初听说加肯·哈吾合什会修摩托车，他的亲戚先给他垫资 1 万元，在村口通往牧场的必经路段上建了一个小的彩板房，购买了一些基本配件，下涝坝村的第一个摩托车修理铺就热热闹闹地开张了。

冬闲时，“访惠聚”工作队组织当地群众开展“冬季攻势”技能培训和普通话培训，加肯·哈吾合什叫上妻子天天按时参加，他说，“以后要想生意做得更大，技术不能差，普通话也得学好，才能走出去和别人交流”。

“下涝坝村有 500 间房子，每间房子里都有一辆摩托车，可是下涝坝村现在只有我这一个修理铺，摩托车的大毛病、小毛病我都会修，每天生意好得很。一个月挣 5000 块钱左右，再忙，我的身上也有劲儿。”提起自己现在的生活，加肯·哈吾合什无比兴奋，“放在两三年前，我都不敢相信这是真的。”

村里人也不敢相信，在他们看来，下涝坝村这几年的变化实在是太大了。

下涝坝村是下涝坝乡一个哈萨克族牧业村，地理位置偏远，自然环境恶劣，一年中平均有 8 个月气候寒冷。当地群众一直延续着传统的放牧生活，全村建档立卡脱贫户占全村人数的 28%，巩固脱贫任务艰巨。

自哈密市民政局、市老龄办派出的“访惠聚”驻村工作队到来后，两年多的时间里，在村里实施了活畜交易市场、哈萨克特色食品加工厂、民族刺绣合作社、老年日间照料中心、村民活动中心 5 个扶贫项目建设，生活有了显著变化的牧民们竖起大拇指，由衷地说：“他们是我们村的‘卓力巴斯士’。”

工作队带来的变化

下涝坝村北邻木垒哈萨克自治县，相邻的几个乡镇都是牧业村，且没有活畜交易市场，村里每年出栏的羊总是被各地的“羊贩子”低价买走。工作队在走访中了解到这一情况后，敏锐地发现了下涝坝村在牧业发展上的巨大潜力，一份修建活畜交易市场的蓝图被提上日程。

派出单位哈密市民政局与工作队先后筹资 35 万元建成集牲畜临时棚圈、装卸交易棚圈、休闲商谈室于一体的下涝坝乡活畜交易市场。

每周二、周六交易日，这里车水马龙、牛羊成群，来自邻近乡镇的牧民们像欢庆节日一样从四面八方赶来交易。

“访惠聚”驻村工作队四处走访调查

下涝坝乡活畜交易市场建成挂牌

活畜交易市场交易日的热闹场景

哈萨克族特色食品生产线

合作社为村里老人送慰问金

村民巴合提别克·阿布扎力是村里的建档立卡脱贫户，家中有 30 只羊、8 头牛、2 峰骆驼，他高兴地说，“在活畜交易市场交易，没有‘二道贩子’插手，牛羊价格卖得高，一年下来可以增收近六千元”。

结合活畜交易市场，工作队在畜牧业深加工和产业链拓宽上做文章。马肠子、风干肉、奶疙瘩是哈萨克族美食，深受各族群众的喜爱。工作队瞄准这条致富门路，积极与派出单位商议，最终敲定投入 80 万元完成了哈萨克特色食品加工厂厂房改造及设备安装，后期又投入 30 万元的流动资金，成立合作社，以合作社 + 农牧民的形式来运营。

合作社负责人不仅为每位入股的贫困户发放了分红，还为村里 97 岁高龄的阿代·阿不都热合曼老人送上了 1000 元的慰问金。

阿代·阿不都热合曼老人拉着第一书记、工作队队长欧阳小川的手激动地说："我活了快 100 岁了，小时候过够了苦日子，现在的时代和以前比太不一样了，吃得好，穿得好，房子越住越宽敞，我们从心里感谢共产党，感谢共产党给我们派来的工作队。"

阿代·阿不都热合曼老人（前左一）表达着对新生活的感激之情

妇女也能挣钱了

工作队通过走访入户调研，发现下涝坝村的妇女有很好的民族刺绣工艺基础，但仅限于制作自家使用的物品，家用零散刺绣未能形成规模，也缺乏专业刺绣技术和设备。

针对这一现象，工作队协助村"两委"成立了哈萨克民族刺绣合作社，并邀请哈密专业培训中心老师，来下涝坝村为农牧民开展哈萨克族家居饰品刺绣技能、刺绣图案设计、色彩搭配、用料选择等内容的培训和指导。

小店中的民族特色刺绣商品

哈萨克民族刺绣合作社的女工在做绣品

绣娘木拉提汗·阿不都哈帕尔设计制作了一系列
表现民族团结主题的绣品，这是她在工作中

为解决“巧妇难为无米之炊”的困窘，工作队与单位联系，由哈密市民政局出资十余万元，帮助合作社购买大型刺绣仪器，并解决占地80平方米的场地。几十台崭新的缝纫刺绣机为绣娘们提供了巨大的便利。工作队积极联系乌鲁木齐市图斯克衣克孜哈萨克饰品公司，按照公司提供的订单完成刺绣，在保障了销路的前提下，村里的绣娘放下思想包袱，更多的妇女自愿加入刺绣生产的行列里来，实现了妇女居家灵活就业。

绣娘木拉提汗·阿不都哈帕尔特意设计制作了系列表现民族团结主题的绣品，以表达自己和姐妹们内心的感情。

合作社的负责人胡尔曼古丽说：“工作队来驻村一年多，让全村的妇女转变了思想，采取合作社引进订单，集产、培、销为一体的自营模式，充分调动了妇女的积极性，让我们下涝坝村的妇女真正顶起了家庭的半边天。”

工作队组织的厨艺培训讲座

对共产党的恩情说不完

“扶贫先扶志”，工作队多次特邀市、县“科技下乡服务队”来下涝坝村开展科技下乡活动。专家们就布鲁氏杆菌病的防治和小麦、马铃薯、苜蓿草的种植科技知识进行专题讲座；工作队还积极联系厨师，向下涝坝村爱好厨艺的牧民培训大盘鸡、臊子面、野蘑菇汤饭等一些家常饭菜的做法。

巴黑拉·赛提哈吉自丈夫去世后，一人带着 2 个孩子，生活十分困难。通过几次的烹饪培训，她掌握了烹饪技能，到村委会做饭，一月能挣两千多块钱，有效缓解了生活压力。

除了专题培训外，每周二、周三的农牧民夜校更是农牧民学技能、学双语的好地方。工作队“按需下菜”，确保学以致用。每次授课，教室里就挤满了牧民，大家在这里共同学习，共同交流，共同提高。现在的下涝坝村，家家庭院里都种有马铃薯，村里还开垦荒地700亩，分配给贫困户种植小麦、苜蓿草等。昔日戈壁，现在绿意葱茏，充满生机。

一点一滴的举措拉近了工作队和当地群众之间的距离。工作队队长欧阳小川驻村期间，检查出患有甲状腺病变，医生建议手术，为了工作，他一次次延迟手术时间，术后不到半个月又回到村里。得到消息的牧民们拿着煮好的羊肉汤、炸好的包尔萨克来看望他，看着质朴的乡亲，他的眼睛湿润了，“得到老百姓的认同，就是再苦再累，我们也值得”。

村民代表会上，老党员巴扎尔别克将宰好的全羊送到工作队，这是哈萨克族待客的最高礼仪，在他们的心里，这样的礼仪，工作队当之无愧。

生活的变化，激发了能歌善舞的哈萨克族群众的创作热情，村里的牧民自编自演了《祖国，我的母亲》《走进新时代》《祝福北京》《欢乐地跳吧》《民族团结一家亲》等歌舞，在这个充满生机的小小村落里，他们载歌载舞，尽情表达着今日过上幸福生活的喜悦之情。

第六节　我和天山有个约定

53 岁的河南援疆医生马启敏曾经两次援疆，来到新疆巴里坤哈萨克自治县人民医院，她用精湛的医术，给生活在这片土地上的各族妇女带来浓浓的暖意，人们亲切地称她为来自中原大地的“白衣天使”。

2015 年，河南省安阳市妇幼保健院妇二科主任马启敏，作为第七批河南省援疆医疗队队员在新疆巴里坤县人民医院工作半年。刚到巴里坤县人民医院，马启敏发现这里的条件还赶不上内地的乡镇卫生院。马启敏暗下决心，一定要为巴里坤留下一支带不走的医疗队！

在有关方面的支持帮助下，马启敏带领团队迅速组建了妇科门诊、妇科病房，把原单位先进的管理模式和规范技术移植到了巴里坤县人民医院。当地医护人员技术跟不上，她就天天坐门诊、带学徒，每天查房，手把手倾囊相授，把自己 20 多年的临床专业经验毫无保留地传授给当地医务人员，让许多危重病人转危为安。

第一次援疆，马启敏带领巴里坤县人民医院的同事，先后开展了子宫全切除术、子宫肌瘤切除术、卵巢肿瘤切除术、恶性肿瘤根治术、高危孕妇剖宫产等大小手术 180 多例。最忙的时候，马启敏一天就做了 6 台手术。“5 加 2，白加黑”，只要遇到急诊病人或手术，马启敏总是随叫随到，从无怨言。县人民医院的同行都敬佩地称她为“妇产科里的 120”。

马启敏了解到，位于天山北麓的巴里坤县地广人稀，一年里半年时间是冰雪封山，大山里的牧民看一次病，先要骑马到乡镇，再坐公共汽车到县城，光路上就要花费很长时间。如今，微信成为人们常用的信息沟通工具，就连

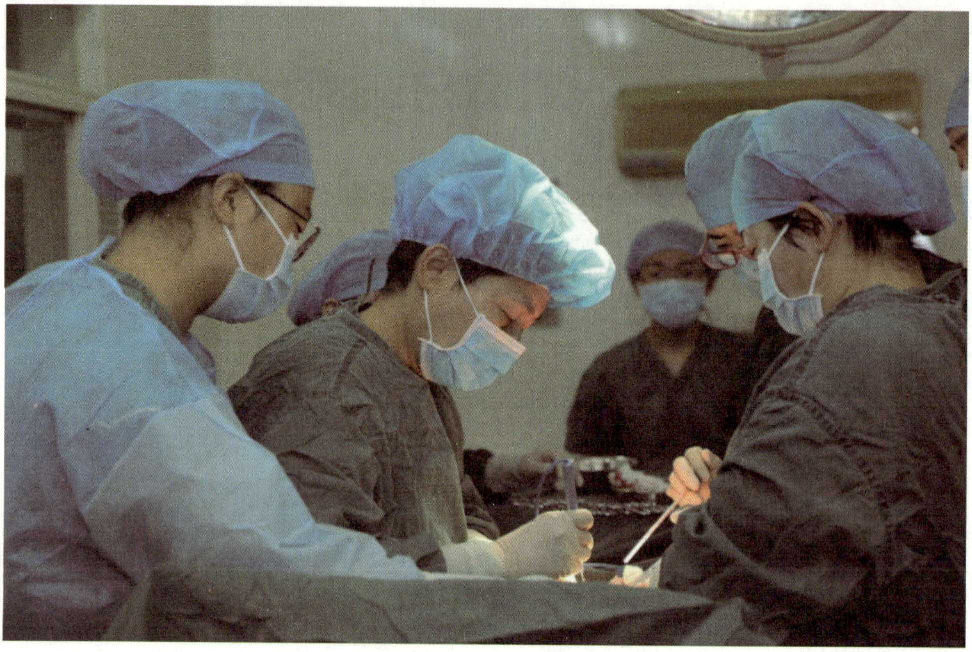

马启敏（左二）奋战在手术台上

天山深处的农牧民们也用上了微信。马启敏为了方便牧民就医咨询，建起“马大夫在线”微信群。

微信群建立起来了，微信群里包括县人民医院的同行、乡镇卫生院的医生，这个微信群把偏远地区的危重患者、交通困难的复诊患者当成服务对象。一方面随时随地与圈内的同行沟通，实现多方会诊；另一方面可以方便患者咨询，有效解决偏远乡镇农牧民看病难的问题。

大红柳峡乡牧民萨妮娅·杰恩斯是“马大夫在线”开通后受益的第一位患者。她从 180 公里外的住地赶到县人民医院就诊，却忘了带乡卫生院的化验单，马启敏让她通知家人用微信发来化验单照片，迅速为她完成了诊疗。

34 岁的哈萨克族孕妇曼妮扎·热合曼妊娠合并多发子宫肌瘤，提前临产。情急之中，她在家连忙通过“马大夫在线”向马启敏求救。马启敏看到微信后，立刻给曼妮扎·热合曼回了电话，通知她立即住院，马上组织急诊手术。从凌晨2点钟一直忙到早上6点钟，终于使母婴转危为安。曼妮扎·热合曼感动地说：“我的那个手术也特别成功，健康的儿子也出生了，还给我切除大小不等11个瘤子，我感谢马主任，马主任当了我们小孩的干妈了，成了一家人了，给孩子起了‘河南别克’的名字，这代表河南和新疆的友谊。”

这次“微信求救”后，马启敏更加坚定了办好“马大夫在线”微信平台的信心，她要让患者无论在何时何地都能感受到她的呵护。在第一次援疆结束，即将返程的前一天晚上，已经整理好行装准备休息的马启敏，被急促的电话惊醒：从下涝坝乡冒雪转来一名中央性前置胎盘大出血的高危孕妇，急需手术！凌晨3点多，一夜的大雪把道路覆盖得严严实实。而且，县城又缺乏血源支持，马启敏凭着精湛的技术，整整忙碌一夜，终于在临出发前完成手术，确保母子平安。

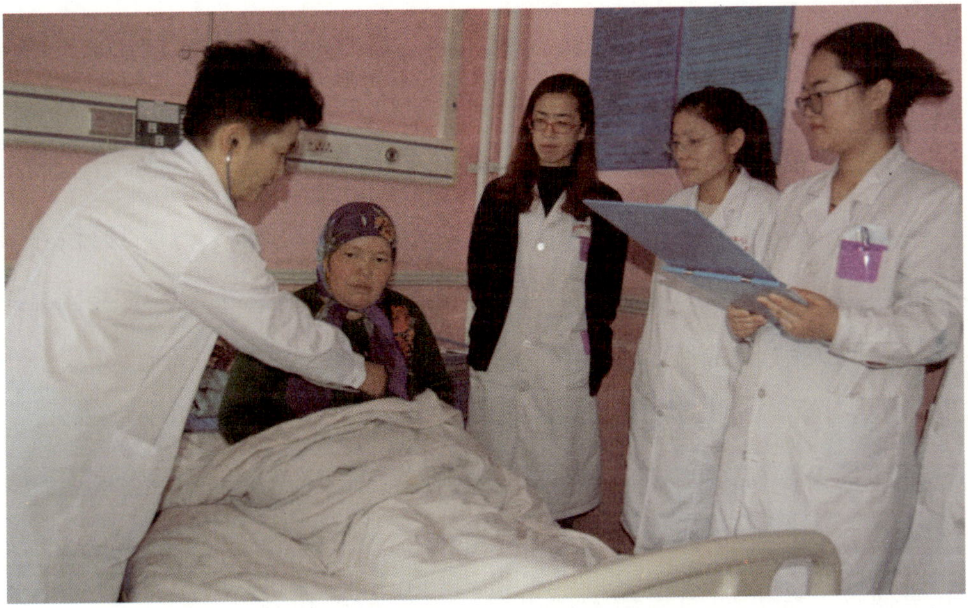

马启敏（左一）为患者做检查

2017年的“五一”节是河南省第九批援疆干部进驻后的第一个假期。上午10点，正在住处休息的马启敏突然接到通知：一名哈萨克族妇女急诊入院，属瘢痕子宫，二胎妊娠临产，持续性枕横位，羊水重度胎便，母子随时有生命危险。马启敏当即组织实施剖宫产手术。实施麻醉后，患者血压急速下降，马启敏马上指挥注药纠正血压，实施剖宫分娩手术。胎儿分娩出后，她又组织院里的医生抢救新生儿。突然，产妇一阵呛咳引起马启敏的不祥预感，不好，有可能羊水栓塞！这是孕产妇的头号杀手。此时，产妇出现恶心、呕吐、心率加快，血压下降至40/25mmHg，这些症状进一步证实了她最初的判断。马启敏再次与死神展开搏斗，为患者给氧，改善低氧血症，滴注抗休克药物……经过20多分钟的抢救，患者体征恢复正常。这对母子在生死线上挣扎了几个来回后转危为安。

2017年马启敏再次援疆，来到巴里坤县人民医院，并担任了副院长。马启敏说：“上次援疆期间，我主持开展了妇科微创腹腔镜项目，因为时间比较短，尚未完成，这次回来也是兑现我的承诺，了却我一个心愿。”

马启敏再次来到县人民医院，这让县人民医院妇产科的医务人员很激动，大家在业务学习和专业技术方面有什么问题都可以请教她。

“授人以鱼不如授人以渔。”马启敏在巴里坤县人民医院建立了师徒制，每位援疆医生都带着一位当地的医生组成医疗小组。为了更好地将技术留在当地，提高当地医生的治疗水平，每组师徒互相监督学习，互相考核。经过马启敏及其他援疆医生的培养，在妇科微创手术中，如宫外孕、卵巢囊肿等中高难度的手术，当地医生都能自己独立完成。

巴里坤县人民医院妇产科主任曹艳云是这样评价她的：这次听说马院长再次援疆，我们都非常激动，好多病人都是慕名而来的。对我们来说，马院长的再次到来，为我们提高技术提供了一个很好的机会。

二次援疆，马启敏带领巴里坤县人民医院的同事，先后诊治病人3200

马启敏医生（左一）的挂号门诊

多人次，完成各类手术 283 例，成功抢救危重病人 31 例。其完成的“保留子宫动静脉上行支筋膜内子宫全切手术”填补了新疆的空白。现如今，在马启敏手把手的精心指导下，当地许多医生都已经可以独当一面，能够完成多项高难度手术。

哈萨克族一名患者在哈密市几家医院检查后，查出患有宫颈癌、高血压病、贫血疾病，被告知需要到内地去做手术。但是考虑到去外地做手术，不仅费用高，而且家人也不方便照顾，正在犯难时，家里亲戚给他们带来了好消息。患者说：听亲戚朋友们说来了个专家马大夫，我们让马大夫去看，说让住院做手术，然后我们同意做手术。

考虑到此手术在巴里坤未有先例，属于妇科高难度手术，同时，也是为了减轻患者家庭的经济负担，马启敏决定在县人民医院为患者进行宫颈癌根治手术。在手术前，马启敏亲自组织相关科室进行病历讨论会，妇产科、检验科、麻醉科等科室负责人参与讨论。马启敏说：这个手术在巴里坤县人民医院是首例，因为这个手术做广泛性子宫切除术加双侧附件切除术加盆腔淋巴结清扫术，是妇科手术中最复杂的手术，属于一个四级手术。

历经 3 个小时，手术圆满完成。患者出院后，在家人的精心照顾下，曾经饱受病痛折磨的她露出了久违的笑容。

马启敏感慨地说：好多朋友、同事问我，你上有老下有小，身体也不好（马启敏患有风湿性关节炎），三年之内两次援疆，图个啥啊？我跟朋友同事说，我跟天山有个约定。

第七节　送人玫瑰　手留余香

“我们短短几年，由贫困户变成了小康之家，不是我们有多么厉害。”胡安别克·吐哈塔尔哈孜对称赞他的人说。他回顾说：“我们的爷爷、奶奶那一代人，颠沛流离，吃不饱，穿不暖，还常常有生存之忧，那时候，只要能够活着就感到万幸了！我们爸爸妈妈那一代人，赶上了好社会，没有了生存之忧；但当时的社会条件有限，跟着羊群在大山上、戈壁上放牧，他们吃了不少苦。”他滔滔不绝地说：“我们今天的生活，我们的条件，比爷爷奶奶、爸爸妈妈要好上百倍，是我们比他们聪明、勤劳、高明吗？不是，是我们遇到了好时代，得到了党和政府更多优惠政策，有了各级干部的帮助、支持，我们才有了今天。”

他还说：“爸爸常常教育我们，忘恩比说谎、虚荣、酗酒更可怕，没有感恩就没有真正的美德。我们家的小孩子常说，老师讲的‘送人玫瑰，手留余香，助人为乐’。这些道理我明白，是对的，应该这样做。我们富裕了，是党和政府的政策好，是干部们给了很大的帮助，为了报答党和政府，回馈社会，我们怎么能够只顾自己呢！付出爱心是应该的，我们做了本来应该做的事，得到了大家的肯定、称赞，我们会更加努力做好的！党和政府为了我们大家都过上富裕的生活，做了数不清的好事！我们帮助哥哥嫂子，应该！应该！”

原来，胡安别克·吐哈塔尔哈孜一家 4 口人，他和媳妇上班，两个孩子上学（2016 年起，巴里坤县实行地方学前教育全免政策，国家给予每生每年享受 2790 元补贴。小学每生每年 600 元、初中每生每年 800 元。免教材费：国家按小学 90 元、初中 180 元的生均标准予以补助，其余资金由自治区财政据实全额承担），一家人住着富民安居房，每月有上万元的收入，过上了富裕生活。他有兄弟姊妹 6 人，父母都已过世。他的一个哥哥，有残疾，五十多岁了仍然孤身一人。父母没有了之后，他们一家人一直照顾着，把赡养哥哥当成义不容辞的责任，尽心尽力、周到细致，受到亲戚、朋友、邻里的称赞。另一个哥哥有个多病的孩子，生活本来就困难，近来雪上加霜，嫂子又病倒了。他又伸出温暖热情的手，帮助哥哥嫂子一家渡难关，送钱、送物、送温暖。知道他的这些事迹，大家交口称赞。

阿曼古丽·杰恩斯汗的工作

胡安别克·吐哈塔尔哈孜是海子沿乡尖山子村的农民，以前生活不好，被列为贫困户。2016 年，乡政府联系胡安别克·吐哈塔尔哈孜的妻子阿曼古丽·杰恩斯汗到巴里坤建坤牧业工作。阿曼古丽·杰恩斯汗到建坤牧业，看到大院里有水塘、凉亭、绿地、树林，环境十分优美，交通特别便利。

建坤牧业食堂就餐场景

许多在这里工作的各民族兄弟姐妹，穿着整洁漂亮的工作服装，在整洁优雅的现代化车间工作。劳动强度不大，每月有3000多元的收入。每天有免费饭菜，还有自己休息的房间。晚上愿意住下，可以；愿意回家，也行。她愉快地来了！

汉族师傅手把手教

2017年，在建坤牧业工作的阿曼古丽·杰恩斯汗听说这里要面向贫困户招工，便回家告诉丈夫。于是胡安别克·吐哈塔尔哈孜也报了名，经过审查符合条件，他也到了建坤牧业工作。这里是现代化的畜牧业基地。在野外逐水草而居、从事原始牧业生产的他，进入高大厂房里进行牧业生产，对怎样科学使用饲料、如何定时喂养、配种、接羔、防疫等工作，他懵懵懂懂。汉族师傅教他工作，汉族技术员讲解技术要领，汉族同伴帮助他开展工作。大家亲如一家、情同手足，在和和睦睦的环境里学习、工作、生活。他虚心好学，勤学好问，下了一番苦功夫，不怕吃苦，努力学本领，与汉族师傅、技术员、同伴都成了知心朋友、铁哥们，经常在一起探讨工作上的事。

他牢记爸爸常常说的："别人给的饭能够饱一天，自己劳动得来的能够饱一年。别人给的财富有腿，劳动得来的财富有根。"他决心要把在现代化畜牧业基地工作的本领学到手，用劳动来改变贫困落后的处境，不辜负党和政府给他提供的机会，要对得起师傅、技术员的苦口婆心和耐心细致的教导。建坤牧业有严格的管理、明确的奖罚制度，多劳多得。他起早贪黑、认真仔细、辛勤劳动。功夫不负有心人，他每月获得6000多元的报酬，年底还可以得到一两万元的奖金。

胡安别克·吐哈塔尔哈孜与阿曼古丽·杰恩斯汗有两个孩子，都上学了，

胡安别克·吐哈塔尔哈孜在工作中

享受着国家对新疆中小学生的各项优惠政策，夫妻俩完全放心工作，没有后顾之忧。两人每月有一万元左右的收入，孩子上学用不了多少钱。他们一家人身体健康，工作顺利，孩子学习努力，成绩良好，一家人和和美美，生活幸福，已进入了小康家庭的行列。

父辈们的艰辛生活

他们没有忘记，从前，他们的父母都是从事游牧生活，逐水草而居，在马背上生活，在迁徙中过日子。家里孩子多，他小时候，随着父母，跟着羊群，有时坐着毛驴车，有时骑着马或骆驼，有时徒步在草原上放牧。特别是在转场的途中，遇到暴风雪，羊群顺风而跑，不听吆喝，目的地又在那逆风的地方，衣服湿了，天黑了，没有休息的地方。那时的生活饱受饥饿、寒冷、无助的威胁。每当这个时候，父母总是说：现在尽管生活艰苦些，比以前好多了，没有战争，没有生存之忧，是安全的；有共产党的领导，有人民政府的关怀，我们以后一定会越来越好的。

后来定居了，日子一天天好起来了。2016 年，政府帮助他们建造了富民安居房，他们住进了宽敞明亮温暖的房子里。孩子上学有崭新的校车接送，免去了所有的学杂费，还免费提供午餐、学习用品等。生病有医疗保险费，老了有养老保险，这些保险费都由政府给他们出钱。政府在海子沿乡投入几千万元，打造旅游景点。家家通上了自来水，户户窗明几净电灯亮，柏油马路通到了家门口，环境优美，旅游旺季车水马龙，十分热闹！

在自家小洋房前留影

现在，靠着党和政府的扶贫优惠政策，他们都有稳定的工作、丰厚的收入，已经脱贫致富，达到小康生活水平了！胡安别克·吐哈塔尔哈孜说：哥哥、嫂嫂有困难了，我们本来就是一家人，不能袖手旁观，应当帮助。自己有能力，就要出一把力，为哥哥、嫂嫂助一臂之力，为党和政府分一份忧。

03

Chapter

草原的希望

因地制宜的产业，多种多样的就业，为草原的明天带来无限的希望。

第一节　撸起袖子干　日子更亮堂

秋日的清晨，走进巴里坤县黄土场开发区阿依娜布拉克村，碰到刚刚清扫完街道的木合买提江·哈布勒哈孜，穿着黄色保洁服，一手拿着大笤帚，一手推着装垃圾的小三轮。村里要举行文艺活动，他把责任区的卫生彻底打扫了一下。木合买提江·哈布勒哈孜拍拍身上的土，乐呵呵地和我们聊起了他的开心事：53 岁时成了村里的保洁员，有了稳定的工作，儿子就业了，家里的收入一年比一年好，他的干劲更足了。

木合买提江·哈布勒哈孜在村里保洁劳作中

木合买提江·哈布勒哈孜驾驶电动三轮车去责任区打扫卫生

木合买提江·哈布勒哈孜（左）在领取工资和草场补贴

“走，到家里喝奶茶去。”受到邀请，我们来到木合买提江·哈布勒哈孜家。洁白的墙壁，红色的瓦顶，太阳能热水器闪着银光。木合买提江·哈布勒哈孜家安居房干净整洁。 落座后我和木合买提江·哈布勒哈孜聊了起来，他讲的普通话不是特别流畅，好在我们随行的哈萨克族同事能当翻译，我们之间的沟通没有什么困难。

经采访得知木合买提江·哈布勒哈孜以前是村里的贫困户，家庭主要收入就是放牧，全家人一年四季跟着羊群走，围着毡房转，生产方式落后，经济来源单一，生活窘迫。后来放弃游牧生活定居在山下的村子里，一方面照顾孩子们上学，另一方面发展家庭农牧业。定居后，夫妻二人抚养四个儿子成人，日子过得紧紧巴巴。

木合买提江·哈布勒哈孜家 20 世纪 90 年代初的旧照

巴里坤实施扶贫开发以后他们家被定为建档立卡贫困户，2015年，政府安居富民工程为他们家修建了80平方米的新房，并配套了水、电、暖等基础设施，家庭人居生活环境得到了彻底改善。2016年，县里全面打响精准扶贫战役，按照“六个精准”（扶持对象精准、项目安排精准、资金使用精准、措施到户精准、因村派人精准、脱贫成效精准）的要求实施“十大专项行动”（特色产业带动专项行动、转移就业专项行动、生态补偿脱贫专项行动、教育扶贫专项行动、社会保障兜底专项行动、民生改善专项行动、突破瓶颈制约专项行动、边境扶贫专项行动、金融助推扶贫专项行动、现代文化引领专项行动），通过“五个一批”（发展生产脱贫一批、转移就业脱贫一批、生态补偿脱贫一批、教育扶持脱贫一批、医疗救助和社会保障政策兜底脱贫一批）为全县2900多户贫困家庭提供了脱贫保障，一家有一人就业，一村至少有一个致富产业，人人有事干，家家有收入。

村里给木合买提江·哈布勒哈孜安排了环卫工公益性岗位的工作，负责打扫村间道路、住宅旁的卫生。他特别珍惜这份工作，每天穿着红马甲，开着电动三轮车，认真打扫责任区的卫生。他还发动两个儿子外出务工，全家人劲往一处拧、撸起袖子干。几年光景，家里面貌发生了巨大变化，长子巴合提别克在城里买了楼房，参加工作成家了，2017年全家人甩掉了贫困户的帽子。他给我们算了一笔家庭收入的细账：“环卫工工资、草场补贴、务工收入、合作社入股分红、庭院经济、养殖业，几项加起来全家每年收入约六七万元，人均收入比脱贫线高出一大截，快达到小康生活了，呵呵！”木合买提江·哈布勒哈孜笑着说：“现在的生活不愁吃、不愁穿，住房有保障、养老有社保、看病有医保，娃娃上学全免费。这个社会只要你肯干，生活自然变富裕。”看着木合买提江·哈布勒哈孜幸福的笑脸，我们感受到他内心由衷的快乐。

木合买提江·哈布勒哈孜脱贫致富的事迹被《人民日报》报道后，他们

住进新居的木合买提江·哈布勒哈孜（左二）和家人的合影

住进新居的木合买提江·哈布勒哈孜（左三）和家人在一起的生活场景

木合买提江·哈布勒哈孜（左）在修理保洁的三轮车

木合买提江·哈布勒哈孜（右）发展庭院经济增加家庭收入

木合买提江·哈布勒哈孜在储备饲草

木合买提江和妻子在看《人民日报》上有关自家脱贫事迹的报道

木合买提江和妻子逗小孙子玩乐

全家倍感荣耀和自豪，把收藏的报纸装裱悬挂在家里的墙面上，供客人观看。生活富裕后他们家喜事连连，2018 年最小的儿子叶尔肯别克也娶妻成家了，还抱上了可爱的小孙子。工作之余木合买提江 · 哈布勒哈孜和老伴每天含饴弄孙，尽享天伦之乐。

透过木合买提江 · 哈布勒哈孜家庭的变迁，我们感受到党的脱贫攻坚系列政策惠及民生，生活在祖国大家庭中的哈萨克族群众，顺应新时代、新社会的发展变化，从传统游牧业经济转型融入现代社会经济体系中，勤劳致富是摆脱贫困命运、实现家庭幸福梦想的根本之道。

第二节 教育惠民政策托起“家庭的未来”

“妈妈！妈妈！我考上大学了，我考上大学了。”8 月 24 日，哈萨克族姑娘沙依拉西 · 木拉提别克高兴地跑回家给母亲报喜。

这一天对于海子沿乡尖山子村牧民木拉提别克 · 哈不丁一家来说，是个喜庆的日子。女儿沙依拉西 · 木拉提别克收到了新疆理工学院的录取通知书，圆了自己的大学梦，他们家三个子女中两个步入大学学堂。“现在娃娃上大学不用愁，高考入学政府奖励资助金 6000 元，以前贫困家庭供不起大学生，现在我们家两个大学生了，教育惠民政策减轻了家庭供学的很大负担。”木拉提别克 · 哈不丁对记者说。

考上大学的哈萨克族姑娘沙依拉西 · 木拉提别克（右一）

在太原理工大学上学的黑萨别克·木拉提别克

木拉提别克·哈不丁家有三个孩子。23 岁的大儿子黑萨别克·木拉提别克在太原理工大学就读，19 岁的二女儿沙依拉西·木拉提别克，走进新疆理工学院的校门。木拉提别克·哈不丁说："现在学校的条件特别好，学生在学校上学不交一分钱，还在学校免费吃住。我们小时候，在山区放牧分散居住，不能到学校接受教育，教师骑马到各毡房流动施教，挨家挨户为牧区的孩子传授知识。"在这样艰苦的条件下，木拉提别克·哈不丁上完了小学的全部课程。

2010 年，为了方便自家的孩子上学，木拉提别克·哈不丁在村里购买了一套旧平房，他的妻子先下山定居，照顾孩子上学。2014 年村里实施定居兴牧工程，修建了整齐划一的安居富民房，木拉提别克属村里的建档立卡贫困户，也沐浴着党的惠民政策阳光，如愿以偿地住进了政府补贴的安居富民房里。2016 年精准扶贫攻坚战打响后，乡政府为他家发放了 20 只

住进新居的木拉提别克全家人在一起

生产母羊托管在巴里坤县健坤牧业有限公司，每年分红 2400 元，木拉提别克·哈不丁还依靠政府的扶贫贷款，发展家庭养殖业，2017 年，他家的收入达到 4 万多元，人均收入 8000 多元，顺利脱贫。

由于木拉提别克·哈不丁是村里的脱贫户，他们家的子女大学就读期间，每年除了享受 6000 元国家助学金，还能享受国家的各类奖学金和减免政策的扶持，完成大学学业得到充分保障。木拉提别克的小儿子哈依尔别克·木拉提别克在巴里坤县二中上学期间，学费、教科书费、住宿费全都是免费的，所有偏远农牧区的孩子们一律平等享受教育惠民政策。

巴里坤县自 2002 年起，实行九年义务教育阶段城乡学生享受“两免一补”政策，免费提供国家规定科目的教科书，免收杂费，对寄宿生给予

哈依尔别克·木拉提别克（前左一）在课堂上学习

哈依尔别克·木拉提别克（右二）和同学们在一起

生活费补助。2014 年 9 月，普通高中也全面实施“三免一补”教育政策，即免学费、免教科书费、免住宿费，对高中寄宿生给予生活补助。同时为家庭经济困难的学生提供寄宿生生活补助，孩子们不存在因贫穷而上不起学的现象。仅 2013 至 2016 年，国家投入巴里坤县各学校项目资金达到两亿多元，教育教学、仪器设备投入 6000 多万元，全面改善了县域内义务教育学校布局调整、规模适度和办学条件，逐步实现了城乡学校协调发展、均衡发展。

巴里坤县一中发展变化

目前，在巴里坤县，不论偏远的农牧区还是县城，目之所及，最漂亮的建筑是学校，最优美的环境在学校。宽敞明亮的多媒体教室、先进的教学设备、业务精湛的教师队伍，实现学生德智体美劳全面发展。全县 18 所学校义务教育阶段的 8700 多名城乡学生享受同样的政策待遇，实现城乡教育资源公平、共享，惠及千家万户。

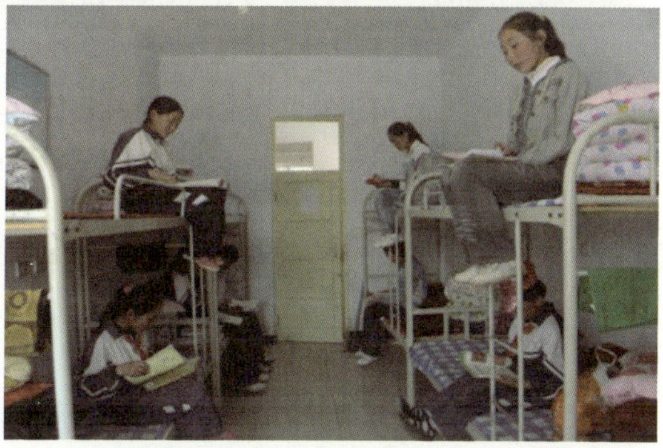

1
2 | 3

1. 学生乘坐校车上学
2. 学生在上电脑课
3. 寄宿制学校宿舍里的哈萨克族学生

第三节　巴恒和库拉西

仲夏的清晨，乌鲁木齐大西门的布料批发市场上人来人往，全疆各地的布料批发几乎都集中在这里。来自巴里坤县的库拉西·巴扎拜是这里的常客，她在县城有一家自己的缝纫店，这已经是今年的第四次进货。过段时间是巴里坤每年一度的赛马节，在赛马节前她的生意最好，当地的哈萨克族群众喜欢在赛马节穿上最靓丽的新衣服，她要为赛马节的到来做好充分的准备。因为运费、原料价格的上涨，金丝绒每米的价格比往常要高出 10 元左右，她有点犹豫，要不要进一点价格低廉的布料，她打开微信语音留言，问师傅巴恒。师傅回信说：还是要坚持进质量好的布料，现在生活水平提高了，不能因为价格上涨，把衣服的档次和品质降下去。库拉西因为师傅的建议，坚定了信心，总共购进了一万多元的布料和配饰。

微信那头的巴恒·木达拜是库拉西的师傅，这时她依旧在合作社车间的案子前忙碌着，她负责裁剪布料，裁剪好就交给合作社的其他成员来缝制。巴恒创立的巴克努尔刺绣专业合作社集设计、开发、销售为一体，主打系列产品 30 多种，其中很多产品销往内地市场及新疆各地，甚至打入了国外市场。

2001 年，巴里坤县被确定为国家扶贫开发工作重点县。县委、县政府在治贫方略上不断探索，根据县域发展情况，大力培育、发展、扶持具有地方特色的民族服装、民族刺绣、民族手工艺品这些劳动密集型“短平快”增收产业，坚持产业发展与促农增收相结合，有效拓宽贫困农牧民增收渠

巴恒·木达拜（左）给徒弟教授服装裁剪

道，形成以产业带发展、促就业、保增收的长效机制。结合巴里坤哈萨克民族传统、牧区生产生活特点和市场需求，扶持发展群众积极性高、简单易学、投资小、产品有销路的民族家庭手工业，采取“合作社＋基地＋农户”的模式，创新集中和分散相结合的经营方式，依托专业合作社，对脱贫群众免费进行操作技术培训，促进了农牧民的就业和增收。在一系列惠民扶贫政策的支持下，涌现出了一批像巴恒·木达拜一样的创业脱贫带头人。

巴恒出生在巴里坤石人子乡一个牧民家里，一家七口人靠着放牧艰苦生活。放羊娃慢慢长大，再也不想撵着羊屁股度过一生，她多么希望扔掉羊鞭，走出草原，用自己的力量撑起全家。16 岁那年，她跟着县城一位江苏裁缝程辉学缝纫，这个决定从此开启了她的逆袭人生。她一边学手艺，一边做工挣钱抵学费。一年两个月后，她出师了。她借来一台缝纫机在家里接活，汉族邻居菊玲在市场上卖布，常常为巴恒收拾市场上的碎布头。巴恒把大些的碎布拼接做成小孩马甲，并绣上好看的刺绣，小些的碎布做成鞋垫。没想到这些马甲和鞋垫拿到市场上，特别受欢迎，一天就卖了三十多件。面对几百元的收入，巴恒激动地哭了，她用她的“第一桶金”，买来了缝纫机、锁边机，开起了自己的缝纫店。冬天太冷，她的手脚长满冻疮，因为赶货常常要到晚上两三点睡觉，没有进布料的钱，邻居就赊布借钱给她。几年后，巴恒怀揣梦想和积攒的 5000 元前往乌鲁木齐的华荣服装学校学习服装裁剪，通过学习，她掌握了更多新的裁剪技术。124 个学员中，她是唯一的少数民族，结业考试她以排名第二的成绩让大家刮目相看。回到巴里坤，她萌发了招收学徒的想法。巴恒开始在县城南门一边开店一边招收学徒。

1993 年巴恒・木达拜（前排左三）来到乌鲁木齐华荣服装学校学习服装裁剪

为了更好地发挥妇女在脱贫攻坚中的重要作用，夯实脱贫攻坚成效，巴里坤县委、县政府十分注重妇女脱贫与致富，并为此扶持了一系列妇女专业项目。如巾帼脱贫项目，以 10 万—20 万元的扶持资金，扶持女带头人从事服装、民族刺绣等传统民族特色手工业，给予他们贴息贷款，该项目先后扶持了三家巾帼合作社，带动近百名妇女增收致富；持续实施 SPPA 和国际农发行项目，截至 2019 年 5 月累计发放项目资金 246 万元，让 2 万多农村家庭妇女受益；开展“姐妹手拉手，巾帼致富一起走”项目，引导扶持女带头人做大做强“妇”字号产业，从而带动其他妇女创业干事，激发她们自力更生、艰苦奋斗、勤劳致富的信心和决心，增强自我发展能力。

巴恒就是这些政策的受益者，她陆续申请到了国家扶贫贷款 20 万元、

有网络助力，巴恒 · 木达拜的服装设计和制作如虎添翼

县妇联妇女创业贷款 8 万元、小额担保贷款 5 万元（连续三年）。在这些扶贫资金和优惠政策的支持下，巴恒干得风生水起。库拉西在这个时候找到了巴恒，巴恒看到库拉西家境贫寒，就管吃管住管穿，手把手教她技术。几年后，库拉西从学徒成长为熟练工，能熟练裁剪缝制各种款式的衣服，工资也从几百元涨到了几千元。2013 年 4 月，巴恒创立了巴克努尔刺绣专业合作社，合作社申请商标（绿纬），注册资金 136 万元，占地面积 695 平方米，有员工 45 人。2014 年县经贸局给合作社发放 10 万元的项目资金支持，2016 年在县妇联的推荐下，合作社被自治区妇联定为“巾帼手工制品拓展基地”，并申请自治区妇联项目资金 10 万元，进一步扩大经营规模，扩建合作社车间。巴恒在政府的组织下，对周边的哈萨克牧业乡富余劳动力 1027 人进行集中培训，其中有贫困户、低保户、残疾人、下岗人员、待业青年等。尤其是针对巴里坤县各乡镇的 22 户贫困户进行重点培训，22 户贫困户中 6 户已独立开店从事服装加工业。多年来，巴恒先后招收徒弟 700 余人，其中有 40 多户开店从事服装刺绣加工行业，也有从事服装设计教学的，甚至还有开服装厂的。合作社带动妇女不需要背井离乡、离开家庭和家务劳动而发展家庭经济，帮助她们依靠技能自我造血，脱贫致富。

库拉西来到乌鲁木齐进货已经两天，她有点着急，想快点回家。谁能想到，几年前她家还要依靠政府低保的救助，年老的父母、离婚的弟弟、上大学的妹妹都需要她来帮助。如今的库拉西已经是万家兴市场上数一数二的裁缝店老板了，库拉西擅长制作各种哈萨克礼服，尤其是演出服。

其实她着急的是那对来自下涝坝的母女。下涝坝，一个离山很近、离城很远的地方。夏天很热，女孩的母亲穿着一件不合时宜的厚衣服，踩着掉色的皮靴带着初中刚毕业的女儿，来店里选购衣服。女孩看到店里漂亮的礼服，

巴恒·木达拜给学员们传授服装制作技术

库拉西·巴扎拜在自己的店铺里忙碌

激动得小脸通红。再过几天，她要参加赛马节上的民歌独唱表演，她嗓音甜美，初登舞台，现在就缺一套好看的礼服。母亲丢下一圈的羊羔和烧热的馕坑，带着女儿选购新衣，她拿出不多的钱，却挑了一款最贵的样式，母女俩灼热的眼神期盼着库拉西为女孩量身定做。库拉西知道这套礼服价格不菲，可她不愿辜负这对母女，最后她以最低的价格答应为小女孩做一套礼服。看见女孩库拉西似乎看到自己十四五岁的样子，渴望走出大山，渴望一身新衣扮靓青春年华，幸好，她遇到了师傅巴恒，幸好她赶上了好的环境和政策。她想，她也要为这个山里的小姑娘点亮改变命运的星星之火，就从这套衣服开始。

从乌鲁木齐回来的库拉西风尘仆仆，她开始为女孩制作礼服，紫色的礼服绣上了蓝色、粉色、绿色的羊角图案，上面缀满了宝蓝、银色的亮片，泡泡裙摆蓬松梦幻，再为女孩配一顶帽子。一切准备就绪，就等女孩穿上它走上舞台。

巴恒·木达拜（左）和库拉西·巴扎拜（右）在挑选布料

巴恒·木达拜（右）和徒弟库拉西·巴扎拜（左）在加工服装

下午，库拉西接到巴恒的电话，今晚要去合作社的车间加班，因为要赶制一批来自甘肃阿克塞的订单。在车间加班的还有其他几个人，其中的古丽夏尔是一位单亲妈妈，和丈夫离婚独自带着女儿生活，寄居娘家，处境艰难。幸亏曾跟着巴恒学过缝纫，她来到合作社，巴恒像姐姐一样接纳了她，做一条裙子可以赚 50 元的加工费、一件衣服 70 元，一天几百元的收入不成问题。

已经晚上两点多，银色的月光洒进合作社的车间，缝纫机发出“哒哒哒”的声音，丝线如水般在布片上流动，一双双巧手将布片裁剪、缝制，一件件华服承载了她们多少美好的希冀。

第四节　电商带来新希望

习近平总书记强调，脱贫攻坚战进入决胜的关键阶段，务必一鼓作气、顽强作战，不获全胜决不收兵。坚决打赢脱贫攻坚战，成为巴里坤县各行业的共识和行动。以信息网络技术为手段，以商品交换为中心的商务活动很快成了拓宽贫困户商品销售渠道、增加收入的一种脱贫方式。

巴里坤县以电子商务进农村为抓手，以农村流通现代化为目标，以信息化促进农业产业发展，搭建农村电子商务运营平台，培育和壮大农村电子商务经营主体，扩大农村电子商务应用范围，拓宽农牧民和涉农企业的农畜产品的网络销售渠道，发挥电商扶贫作用。巴里坤县重点建设了县级电子商务公共服务中心、农村电子商务物流体系、服务站体系、农牧民培训体系、农产品电子商务供应链体系和农村电子商务营销体系，开辟出了具有巴里坤特色的电商发展和扶贫模式。

中国电信也积极参与和支持巴里坤县脱贫攻坚战。2018 年，投资近千万元完成了全县高速光纤到户互联网建设，贫困村通达率 100%，为县域互联网打下了基础，促进了县域信息化发展。在给贫困户安装宽带网项目中，给每户每年优惠减免网费 600 元，全县每年减免 100 余万元。

巴里坤县电商公共服务体系建设成效显著，已建成 1 个县级电商服务中心和两个线上线下体验店、15 个乡镇电商服务站和 26 个乡村电商服务点、1 个社区电商服务点，14 个重点贫困村实现了电商服务站点全覆盖。2018 年，全县电商快递物流企业实现了乡镇全覆盖，通达 26 个村。

电商营销服务体系建设孵化企业网店18家，通过微信公众号、微店等渠道运营羊肉、驴奶粉、哈密瓜、辣皮子、蒲公英粉、奶酪等特色产品，营造出“全媒体、多渠道”营销氛围和格局。2018年，电子商务交易额2802万元，网络零售额702万元。2019年1至6月份，电子商务交易额1206万元，网络零售额197万元。

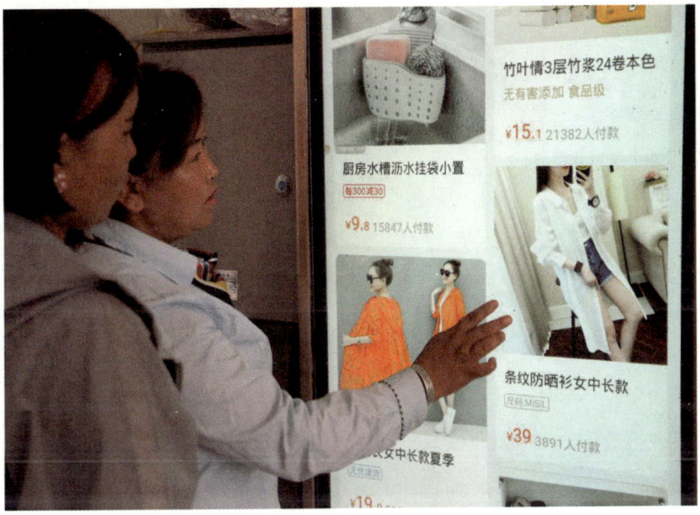

电商营销服务体系

回乡创业，创出电商一片天

蒋晓虎，土生土长的巴里坤人，1998年考入洛阳理工学院，开始了外出求学、工作和创业之路。从一名设计师再到成立设计工作室，他一步一个脚印，最终创办了自己的网络科技公司。在外打拼多年，虽说事业上小有成就，但却时时挂念着家乡，用他自己的话说，是一个富有家乡情怀的人。他在日记里写道：“小时候，我在山的这头，向往的城市在山的那头；长大了，住在城市的街头，家乡远在山的那头。”

2016年，借着巴里坤县实施国家级电子商务示范县的契机，蒋晓虎毅然决定带领团队回乡创业，创立了新疆天真蓝电子商务有限公司，用所掌握的经验和技术支持家乡县域电商事业，让巴里坤天然绿色的农畜产品走出山沟沟，卖上好价钱。这是他的初心。几年过去了，在县领导的支

传统商店开始加入电商元素

持下，他带领团队实现了巴里坤电商从无到有的突破，帮助传统企业转型电商，孵化网店 14 个，产品摄影 3000 余张，设计商品近百套，为企业转战网络销售这块阵地提供了全方位服务，龙头企业与贫困户签订了托管分红协议，线上销售额越多，贫困户的分红收益也就越多。

扶贫先扶智，为了把电商扶贫落到实处，蒋晓虎团队培训建档立卡贫困户 560 人次，开设微店 30 个，经营好的微店月销售额可达到 2 万多元。同时，通过“公司 + 服务站 + 农户”的模式带动贫困户增收，电商服务站以 1 元 1 枚的价格收购贫困户土鸡蛋，通过电商平台帮助贫困户在线销售。2017 年以来，蒋晓虎通过电商平台帮助建档立卡贫困户和低收入群体销售土鸡蛋 5 万枚、土鸡 600 余只。蒋晓虎团队还建立了巴里坤哈萨克羊、土鸡、农家菜园认养平台，推行农畜产品认养定制化，贫困户负

农产品微店的包装间

责种植、养殖后，动员全社会力量通过电商平台回购脱贫户农畜产品“以购代捐”，积极推动电商扶贫由被动“输血”向主动“造血”转变，以此带动贫困户增收。海子沿乡尖山子村服务站帮老百姓销售蔬菜、馕饼，一个月就能卖10000多元。

农牧民脱贫致富的主要途径是靠农畜产品销售增加收入。为了让贫困户手中的农畜产品最大限度地获取经济利益，蒋晓虎帮30户贫困户开设了微店。

给贫困户开微店简单，但让贫困户经营却困难。受文化程度的制约，贫困户的实际操作不尽如人意。只有让贫困户学会和使用技术，技术才能成为创造财富的手段和工具，为此，蒋晓虎对建档立卡的贫困户培训560人次。

打赢脱贫攻坚战牵动着社会各个领域。县扶贫办给108户贫困户每户30—50只鸡，帮助贫困户增加收入。然而，有的贫困户不会养鸡，有的甚至把小鸡廉价卖了。蒋晓虎请技术人员对养鸡的贫困户进行培训，与贫困户达成帮贫困户销售鸡蛋的协议。2017年以来，蒋晓虎通过电商平台帮助建档立卡贫困户和低收入群体销售土鸡蛋5万枚、土鸡600余只。

对于巴里坤的农牧民来说，电商是神秘而高不可攀的领域。蒋晓虎说：“全县的电商快递物流企业已有6家，实现了乡镇全覆盖，通达26个村。电商营销服务体系建设已孵化企业网店18家，随着电商规模和人们认知度的提高，电商一定会助力脱贫攻坚，为贫困户致富拓宽道路。”

蒋小虎深有感触地说：“我是巴里坤人，我愿意为巴里坤做点事。”

一部手机　让她带着两个孩子脱了贫

2012年，沙娅古丽结婚了。

父母给的10只羊和50亩新开垦的戈壁沙土地，这是下涝坝乡下涝坝村沙娅古丽婚后的全部财产。

很快，沙娅古丽相继生下了两个孩子，待在家里带孩子成了她的主要事务。丈夫从小生活在牧区，对种植一无所知，种植 50 亩草地的结果自然也就不景气。人口增加了，收入没增加，沙娅古丽成了贫困户。

沙娅古丽说："别人家的娃娃穿着新衣服，吃着好吃的。我们家的娃娃看着别人家的娃娃吃好东西咽着唾沫，我心里难过得很。马不到山里找着草吃，肉长不下，人不找着活干，钱挣不下。我才 30 岁，有手有腿，天天待在家里吃别人给的面粉、清油，我的脸没有了。我要多多地挣钱，叫我的娃娃过上好日子。"

这几年，巴里坤县通往乌鲁木齐的路经过改建增加了车流量，下涝坝乡政府周边成了过往司机的歇脚地。

沙娅古丽看到许多汉族农民开饭馆、商店，也从中受到了启发。她从奎苏镇的下涝坝乡搬迁点搬回到下涝坝乡。

为了帮助沙娅古丽尽早脱贫，村委会给沙娅古丽的丈夫安排一个公益性岗位，月收入 1500 元。中国邮政集团公司巴里坤县分公司把沙娅古丽安排到下涝坝乡邮政所负责给乡里送报纸，并将邮政所的房屋无偿提供给沙娅古丽使用，还免去水电费，沙娅古丽有了每月 2000 元的固定收入。

沙娅古丽根据过往司机和周围牧民的需求，带着两个孩子利用邮政所的房子开了一个零售矿泉水、方便面等日用品的小店。

在巴里坤县电商培训中，沙娅古丽学会了做微商。2018 年 11 月，沙娅古丽干起了微商，经营茶叶、保健品、化妆品、零售饮料和洗涤用品，成为村里唯一一户微商。2019 年 1—2 月，挣钱 5 万元，之后平均每月赚 5000 元。

沙娅古丽说："我们家现在有 30 多只羊、8 头牛、4 匹马。我给自己定下的目标是每天必须挣够 100 元才关门休息。我的生意很好，在房子里带着娃娃也能把钱挣了，我不是贫困户了。"

第五节 绣生活的女阿肯

莫钦乌拉山横亘在巴里坤草原上，当地人把这座山叫作北山，马力亚·木汗家的冬牧场就在这里。这里平均海拔2000多米，早晚温差很大，常有风雪天气突然而至，自然环境的恶劣让放牧生活非常艰苦。马力亚小学毕业后帮着家里人放牧，她是最小的羊倌，却会干很多活，除了放羊，她还会挤牛奶、打馕、烧奶茶。马力亚是家里的老大，她有七个妹妹、一个弟弟，作为大姐，她比别的孩子都要成熟很多。

幼小的羊倌，每天撵着羊群游走在山间的草地上，内心的孤单和寂寞无法言说，随身携带的小小收音机成了她唯一的伙伴。收音机里常常播放哈萨克族的阿肯弹唱，她被深深吸引，经常偷偷模仿阿肯的唱腔，但又害怕被人取笑，她便独自对着羊群唱，钻进牛圈唱。就这样唱着唱着，她成了小有名气的女阿肯。遇到亲朋好友聚会她会唱，在乡政府文化活动中她会唱，甚至她唱到了县里的阿肯大赛上。

同村的阿恒别克和马力亚青梅竹马，马力亚不在乎阿恒别克家里一穷二白，他们结婚了。本来一切都会朝着好的方向发展，可是第二年马力亚的母亲因病离开了人世，马力亚一家犹如天塌了下来，最小的弟弟才一岁八个月。马力亚和丈夫搬到了萨尔乔克乡苏吉东村的娘家，开始照顾一家老小。马力亚和丈夫整日忙碌、东借西凑，生活依旧紧紧巴巴。一家十口人的吃穿用，都要靠着马力亚两口子，一袋面粉没有几天就见底了，一盆新烤的馕余温还未散尽，就剩不下几个了。马力亚为一家人操碎了心整夜睡不着，还患上了气管炎，心爱的冬不拉再也弹不出美妙的旋律。就在这样艰难的情况下，马力亚依然有两个妹妹上完了初中，一个妹妹上完了高中，弟弟上了大专。六个妹妹出嫁都是马力亚准备的嫁妆，2016 年已成为派出所协警的弟弟结婚，马力亚准备了一匹马和一只羊。就算为弟弟妹妹们举债度日，善良的马力亚也心甘情愿，她觉得这是一个姐姐应该做的。2017 年马力亚的女儿加合斯丽克考入了新疆大学财经学院，这是家里第一个大学生，马力亚除了高兴，还有担忧，多年照顾弟妹们，她的家已经家徒四壁，是乡里建档立卡贫困户。女儿一万多的学费没有着落，马力亚看看挂在墙上的冬不拉，上面积满了灰尘寂静无声，一筹莫展的马力亚该如何是好？

2017 年 7 月，安绣集团的乔社丽一行四人从安阳出发。安绣集团总部位于河南安阳，集团以“公司＋培训基地＋农户”的发展理念，成为刺绣工艺品研发、设计、加工、生产、销售的文化产业基地。巴里坤哈萨克女性从小就有学习刺绣的传统，长久以来由于环境的闭塞和观念的陈旧，这些绣品无法走出大山，实现更高的价值。巴里坤县委县政府积极推动河南安绣企业与巴里坤县民族刺绣深度融合发展，探索建立“工厂化生产＋分散加工＋集中营销”的发展模式，有效扩大服装刺绣产业带动辐射能力，促进农牧民持续增收。2017 年，安绣集团响应国家扶贫攻坚战略，提出“产业扶贫惠农，掌技创业增收”的理念，把安绣技术带到了巴里坤，而乔社丽一行就是第一批来到巴里坤开办培训班的老师。三个多小时后，飞机落地哈密机场，还没来得及多看一眼哈密，四人匆匆坐上汽车，三个小时后汽车翻过天山到了巴里坤县城，最后来到了距离县城 40 多公里的萨尔乔克乡苏吉东村村委会。一路向西，人烟稀少，不见一棵树，草也是黄黄弱弱的，见惯了内地的繁荣，乔社丽心里觉得无比荒凉，想哭的心思都有。

来到村委会，50 多个哈萨克绣娘等着她们，其中就有马力亚。今天的马力亚心中有点高兴，因为女儿学费的问题已经有了着落。“治贫先治愚，

来自河南安绣集团的老师为萨尔乔克牧民绣娘们指导安绣

扶贫先扶智。”2015 年 11 月，中央召开扶贫开发会议明确将教育扶贫列入五大脱贫举措之一。按照国家、自治区统一部署，巴里坤县逐步建立了从学前教育到高等教育的学生资助体系，实现了涉及学前教育阶段、义务教育阶段、普通高中阶段、中等职业教育阶段以及高等教育阶段各级各类学校学生资助政策全覆盖。建档立卡农村贫困户大学生救助：2016—2019 年，地方财政对全县建档立卡农村地方户籍贫困户中在全日制正式学籍的高等教育学生给予学费和生活费补助。其中，对就读高职、大学期间的新入学大学生给予每生一次性学费救助 5000 元，疆内大学生每月给予 300 元生活费补助。除了教育扶贫方面的优惠政策，马力亚家还有政府为贫困户发放的一峰骆驼，现在托养在神驼公司，那里每年有 1200 元的分红，政府还

萨尔乔克的绣娘们在学习操作安绣

给贫困户三万元的无息贷款，他们买来了牛和羊，产的羊羔可以卖钱。再加上丈夫一直在外打工，勉强能凑够学费。但是除了政府补贴给女儿的生活费，马力亚还想每个月多给女儿一点。听到县妇联和乡政府要组织她们学习安绣，马力亚第一个报了名。乡政府的人说如果学会了安绣，就会有订单给她们，一幅作品能有 400 元的收入，如果自己每月能绣 3 幅，就能多给女儿一点生活费，女儿就可以在学校吃好一点、穿暖一点，她顿时来了劲头。

培训班设在村委会的会议室，乔社丽老师拿出了绣安绣的绣花针给大家看，三厘米的绣花针在马力亚的大手里有点不听使唤，马力亚想起自己绣花毡的钩针，那简直就是骆驼和山羊的区别，老师们说的普通话马力亚也不能全部听懂。起初她觉得很难，着急得掉眼泪，老师看着她也着急，乔老师一遍一遍地给她演示，她渐渐学会如何将一根丝线分成四份，还学会了平针、套针、幪针、乱针的针法，接着便是配色和构图。

每天早晨八点就到培训点，一坐就是一天。乔社丽忙碌了一天回到了临时的宿舍，因为这里缺少青菜和水果，维生素缺乏让她的嘴角有点溃疡，她便开始多喝水，可这里的水质比较硬，喝多了肚子会胀。这些她都能忍受，放心不下的唯有千里之外 12 岁的女儿。别人的妈妈暑假都会带着儿女玩，可自己却不能陪在孩子身边。乔社丽心里愧疚，可又想想这些牧区的姐妹，心中一横，大老远的来了，要多教几个出来。牧区的姐妹太难了，她了解到马力亚的女儿考上了大学，正是需要钱的时候，心想还要继续好

马力亚和她的安绣作品《丝绸之路》

好盯着马力亚，让她早点学会安绣，以后有了订单就能增加些收入，就可以让孩子在学校吃好一点、穿暖一点、安心学习。这一刻，两个母亲不约而同地想到了一块。

一个多月过去了，马力亚通过考试顺利结业。这一个月马力亚去得最早，回得最晚，为了学习安绣她掉过眼泪，手指刺出过血，但看到自己的作品被装裱出来在结业仪式上展示，她高兴极了。这一天她穿上了最漂亮的裙子，拿起了久违的冬不拉，为大家歌唱一曲，热闹极了。快乐的时光总让乔社丽想起自己的女儿，她多想把这份喜悦分享给女儿：多少牧区的姐妹因为学会安绣而能增加收入。她想告诉女儿：虽然妈妈不能陪你度过暑期，但是因为妈妈教会了别的妈妈安绣，她们的女儿会因此幸福成长，顺利完成学业，这是多好的一件事。

闲暇时间，马力亚喜欢抱着心爱的冬不拉弹唱一曲

长期以来，巴里坤县委县政府、巴里坤妇联和河南安绣集团充分利用好豫巴刺绣基地，组织、动员、引导少数民族妇女创业就业。目前，全县刺绣从业人数已近万人。2017 年以来安绣集团培训学员 100 人，下发订单 1370 份，为绣娘增收 85.6 万元，带动了农牧区妇女居家灵活就业。

马力亚第一份安绣的订单刚刚交上去的那几天，她有些担心，不知道这幅作品能不能合格。十几天后，她收到了来自安绣集团的 400 元酬劳，她放心了，她将用双手为自己、为他人绣出美好未来。

第六节　算好脱贫账　确保真脱贫

故事一

“去年，我年收入达到 18000 元，今年我的收入还好，林木管护员工资一年就 12000 元，托养的羊分红 2200 元，还有种菜、养殖畜禽、务工等收入，达到 2 万元以上。”胡安拜克和他的两名帮扶干部正算着当年的增收账。

胡安拜克·喀热木是巴里坤县奎苏镇三十户村的哈萨克族村民，原本有一个温馨的家庭，几年前，他的妻子上山放牧时，不慎掉入山沟，离他而去，

巴里坤县奎苏镇干部钱斌（中）和穆学祖（左一）了解胡安拜克工作和生活情况

从此胡安拜克经常沉浸在极度的悲痛之中，成天酗酒、无心干活，成了建档立卡贫困户。了解到胡安拜克·喀热木的贫困情况后，奎苏镇两名帮扶干部确定先从扶志入手，入户轮流做他的思想转化工作，鼓励他树立信心、勤劳致富，改变贫困的生活面貌，帮助他缴纳养老保险和医疗保险，解决生活中的各种具体困难。根据胡安拜克的家庭情况，2017 年，帮扶干部经过协调积极帮助胡安拜克新建了一套 60 平方米的安居房，还自掏腰包为胡安拜克购买了家具，解决了 2 吨过冬的燃煤和热水锅炉，胡安拜克告别了居住三十多年的土坯房，搬进了崭新的安居房。

胡安拜克家的老住宅

胡安拜克家的安居富民房

在帮扶干部的不懈努力下，胡安拜克精神面貌发生了巨大变化，产生了强烈的致富愿望。他积极外出务工、勤劳增收。看到胡安拜克生活态度发生了转变，帮扶干部为胡安拜克争取了林木管护员公益岗位，每月有 1000 元的经济收入，还手把手带着他饲养扶贫鸡、种植蔬菜，通过一年的“造血”帮扶，胡安拜克不但手里有了钱，还对提高生活质量有了新的思考。

胡安拜克悄悄说出了他的心愿：“现在工资也有了，新房子也住上了，日子过得越来越好了，准备再成个家，高高兴兴地过日子。”

胡安拜克从事护林员公益性岗位工作

巴里坤县奎苏镇干部钱斌（左一）和穆学祖（右一）鼓励胡安拜克（中）发展庭院经济

胡安拜克（左）在合作社务工增收致富

故事二

“帮扶干部帮我开起了牧家乐，一举摘掉了贫困的帽子。今年他们又帮我扩大经营规模，我一定要好好干。”奎苏镇牧业村牧民吐尔担・莫勒达汗高兴地对记者说。

吐尔担・莫勒达汗由于长期患病，自我发展能力欠缺，生活贫困。2016年初，当地政府和帮扶干部根据相关扶贫政策，让吐尔担・莫勒达汗当上了村里的护林员。随后，镇政府又为吐尔担・莫勒达汗发放了生产母羊，并托养在健坤牧业公司，年底分红1200元。同时，还为他发放了30只鸡苗，增加收入。一年多的时间过去了，吐尔担・莫勒达汗的脸上绽开了笑容，他也从住了40多年的土坯房搬进了宽敞明亮的安居富民房。

帮扶干部阿娜尔古丽（右一）在吐尔担家了解生产生活情况

吐尔担从事护林员公益性岗位工作

帮扶干部阿娜尔古丽（中）鼓励吐尔担（左）发展家庭养殖业增收

2017年，吐尔担·莫勒达汗通过参加镇上举办的烹调技能培训班，在奎苏镇帮扶干部的帮扶下，投入4万元，经营起了度假村，还雇用了村里的四名富余劳动力。如今的吐尔担·莫勒达汗已经彻底脱贫摘帽，对于今后奔小康他信心满满："现在生活富裕了，有奔头了，这让我们更有信心，越干越有劲了。"

吐尔担·莫勒达汗算了一笔账：" 我旅游收入2万多元，分红1200元，草场补贴、代牧放牧，还有今年扶贫发的一头牛，算下来也有4万多元的收入，以后旅游扩大，旅游的人越来越多，再继续发展下去。"从原先以放牧为生，到如今发展特色畜牧业、兴办牧家乐，牧民吐尔担·莫勒达汗多元化发展，走出一条脱贫致富路。

胡安拜克和吐尔担只是巴里坤干部同力主帮、社会同管主扶下，众多贫

帮扶干部阿娜尔古丽（右）教吐尔旦的妻子发展庭院经济

帮扶干部阿娜尔古丽（右）帮助吐尔旦开办家庭牧家乐

在新建的安居富民房前合影

巴里坤县奎苏镇牧业村里入户走访的干部（左三）和她的扶贫对象

困户摆脱贫困的一个缩影。巴里坤在脱贫攻坚战打响后，实施党政同责主抓、干部同力主帮、社会同管主扶、群众同心主推及县领导包乡、乡领导包村、部门领导包户、党员干部包人的“四主四包”工作机制，形成了横向到边、纵向到底、上下贯通的脱贫工作制度体系。经过不懈努力，2017年11月1日，巴里坤摘帽脱贫，14个重点贫困村退出贫困行列，脱贫群众人均纯收入达到4500元以上，贫困发生率由2015年的9.5%下降至0.39%。

巴里坤县在精准扶贫、精准脱贫工作中，进一步完善和落实各级党政机关、部门和党员领导干部联乡包村帮户制度，实现了贫困村和贫困户帮扶全覆盖，做到了“帮困不漏户，户户见干部；群众不脱贫，干部不脱钩”。

第七节　牧民阿斯里拜克的新生活

穿着湛蓝色的工装，戴着塑胶手套，操作着现代化的设备……这是阿斯里拜克·马太在巴里坤国欣森博活性炭有限公司日常的工作画面。

阿斯里拜克·马太是大红柳峡乡的哈萨克族牧民，从小跟随父母过着逐水草而居的游牧生活。“一根牧羊鞭、一个水壶、一块馕，就是一天！”阿斯里拜克对笔者描述着他的放牧生活。“我有 6 个兄弟姊妹，现在家中只剩我和一个残疾的哥哥与年迈的母亲一起生活，其他的都成家独立了。”阿斯里拜克·马太说。

阿斯里拜克·马太在巴里坤国欣森博活性炭有限公司工作

阿斯里拜克·马太（右）少年时在冬牧场留影

昔日的大红柳峡乡大红柳峡村牧业点

为了摆脱家庭贫困状况，他高中毕业后四处务工，挣钱补贴家用。近年来，随着国家扶贫开发等一系列惠民政策在当地推进实施，他们家的境况发生了变化，母亲领取到社会保障金，残疾的哥哥享受到了每月的生活补贴，全家人搬进了崭新的安居房。压在他年轻肩膀上的生活重担减轻了，经过社会帮扶和个人不懈的努力，2017 年他们家脱贫了。

阿斯里拜克·马太的家乡大红柳峡乡实施安居工程后的新貌

阿斯里拜克·马太（左一）回家看望家人

阿斯里拜克·马太（左一）和年迈的母亲、残疾的哥哥在新居里合影

2018年，国欣森博活性炭有限公司年产10万吨活性炭项目在巴里坤县西部矿区动工建设，村里的干部们推荐阿斯里拜克和村里其他的哈萨克族牧民到公司里务工。公司离家不远、工资待遇又好，是劳务输出的理想工作岗位。“这批哈萨克族牧民工刚来厂里的时候，生活工作自由散漫、不遵守纪律！”公司负责人李悍述说起。为了让阿斯里拜克和其他的牧民工能够尽快适应工作，公司专门安排文明礼仪、规章制度、安全生产、技术实操等课程的培训。

在现代化的工厂，阿斯里拜克被智能化的操作和新型的煤炭产品所吸引，铆足了劲向师傅学习。“以前，我觉得煤就是用来烧的，没想到还能成为净化空气、过滤水的材料，卖到国外挣外汇。”阿斯里拜克拿着自己亲手生产的活性炭产品对我们说。经过勤奋努力，阿斯里拜克得到了

巴里坤新上马的国欣森博活性炭工厂

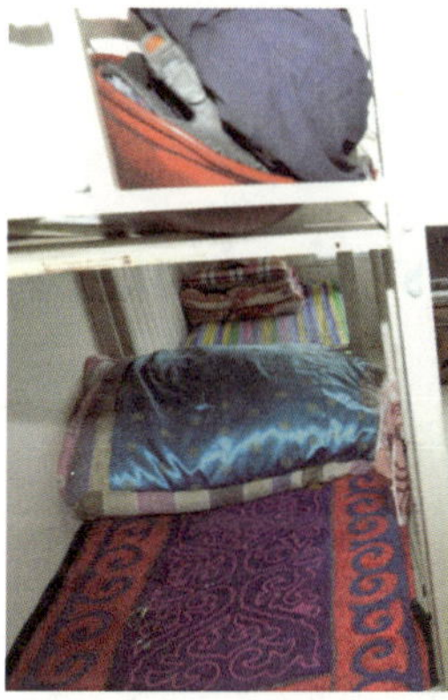

阿斯里拜克·马太（右）和
哈萨克族工友在公司宿舍里

阿斯里拜克·马太（左一）
和哈萨克族工友们在厂区里

阿斯里拜克・马太（右）跟着师傅学习操作技术

阿斯里拜克・马太（左一）跟着师傅学习电脑操控技术

阿斯里拜克·马太在工厂里开叉车

公司领导的认可，被选拔为带班班长，每月收入少则 6000 元多则 1 万元不等。

“我是我们家的第一个拿工资的人，我工作稳定后全家人生活就有了保障，我非常珍惜这份工作，以后我会带领同事们撸起袖子加油干，争取在县城买一套楼房，娶一个漂亮的媳妇成家，呵呵！”阿斯里拜克对自己的未来充满了信心。在这家公司，像阿斯里拜克一样从牧民经过培训后转为产业工人的有 40 多名。

据了解，2019 年上半年，巴里坤县新增转移就业人员 1369 人，其中，企业就业 201 人，脱贫劳动力就业 270 人；转移就业、自主创业培训 1004 人，其中脱贫劳动力培训 223 人。

在为企业做足服务的同时，巴里坤县还下大力气为企业“订单式”培训输送当地富余劳动力，充分做好与县内外企业的对接服务工作，为各族群众提供“菜单式”就业岗位，为当地群众创造福祉，为打赢脱贫攻坚战，全面迈入小康社会奠定了坚实基础。

后记

EPILOGUE

巴里坤哈萨克自治县地处新疆维吾尔自治区东北部，县政自治始于1954年9月30日，是全国三个哈萨克自治县之一，是国家扶贫开发工作重点县，2006年被定为五类地区。县域户籍人口10.5万人，由汉族、哈萨克族、维吾尔族、蒙古族等十三个民族构成，其中哈萨克族占35.8%，其他少数民族占2.2%。县辖15个乡镇场区、46个行政村、12个自然村、7个社区。

因为地理位置特殊，自汉代到近代，巴里坤一直作为交通要道、军事重镇和中华文明的传输前站存在。这个时期的巴里坤相对比较富裕，当时包括牛、马、骆驼、羊在内的牲畜年存栏头数达一百万头之多，人均30多头只。但随着整个亚欧大陆历史的变迁、当地地缘优势的变化，巴里坤的富庶成为了历史。

巴里坤的生态环境相对也比较脆弱，高原光照充足，蒸发量加大，县域干旱程度高，50%的地区是荒漠。特别是进入现代，由于过度开垦、过度放牧、气候变暖等因素，地形降水几近消失。这加大了当地的干旱程度，反向对农牧业发展造成了更大的困难。另外，巴里坤县自然条件恶劣，高寒且自然灾害频发。在本书调研组亲临巴里坤调研的前一月，巴里坤刚刚受到了大风的影响，给一些大棚种植户、养殖户带来了严重的经济损失。

诸多不利因素制约了巴里坤县的经济发展。县域生产总值、地方财政收入等综合指标全疆排名较低，财政自给不足。同时巴里坤县贫困村、贫困人口绝大多数分布在边远山区以及高寒牧区一线。受气候（环境）、地理位置等因素制约，当地基础设施薄弱，生态环境脆弱，草场退化严重，载畜量较低，畜牧业仍以放养为主，经济效益低下。农作物仅以一季小麦为主，增收渠道较为单一。受市场价格因素影响，经济发展缓慢；受生产生活方式影响，贫困户观念落后，自我发展能力严重不足。

如今，巴里坤已经通过“精准扶贫”的开展顺利脱贫摘帽。自 2016 年进入巩固提升阶段以来，巴里坤县按照中央和上级党委的要求，持续做好脱贫攻坚巩固提升工作，把稳成效、谋长久、防返贫作为工作的中心，在“加强组织领导，完善政策机制”“突出重点，因户施策”“强化举措，注重实效”“坚持扶志扶智，激发内生动力”等一系列举措的实施中，巩固提升效益显著。

然而，脱贫的精准、摘帽的顺利并不能完全规避返贫的风险，因为存在的主要困难和问题都是基础性的。其一，因为地理区位的偏僻和封闭，基础设施建设滞后，尤其缺乏铁路、民航等大客流、大货流快捷运输条件，在很大程度上制约了县域一二三产业的发展，地域优势资源得不到发挥。其二，对于稳定脱贫具有重大保障和支撑作用的扶贫产业较为单一，体系也不够完备，尤其缺乏种类齐全、群众参与度高、带动力强的劳动密集型产业。其三，解决因病返贫问题的措施尚不够完善，而县域尤其是牧区风湿性疾病和心脑血管疾病高发，加之居住分散、就医遥远，交通、食宿、陪护费用较高。其四，建档立卡的脱贫户绝大多数是牧民群众，主体作用发挥不够，内生动力缺乏。从总体而言，作为游牧民族逐水草而居，其随遇而安、悠闲自得的个性特征，却是吃苦耐劳、顽强奋斗脱贫致富精神的最大抵牾。所以，治懒励勤不可或缺，弘扬中华民族优秀传统文化也势在必行。

就目前而言，面临脱贫提升，全面实现小康胜利在望、返贫风险依然存在的两重形势，但是只要政治导向明确、行政措施得力，巴里坤县域经济建设、政治建设、文化建设、社会建设和生态文明建设的前景十分光明。

首先，经过多年的教育和文化濡染，巴里坤社会安定，民族团结，大杂居、小分居的格局初步形成；统一国家通用语文教学已经顺利推行，少数民族大中专毕业生在县境内外甚至内地就业已成风气。勤劳致富光荣、懒惰贫穷可耻的观念已经深入人心。其次，原来不毛之地的荒漠蕴藏的储量极为可观的风能、光能、煤炭、石油等优质资源，在高科技的开发和转化中会为县域经济带来不可估量的增值。再次，县域特别是盆地居民区的暖季凉爽、寒季冰雪，将为避暑和旅游业增添光彩。更为优势的是镇西文化是东天山汉族农耕社区文化的典范，它不但作为中华民族传统文化在新疆的标志，在统一意识、促进团结中发挥作用，而且作为软实力资源的作用也会逐渐显现。

我们坚信，社会稳定、长治久安、脱贫致富、环境优美、文化灿烂、民族团结、人民幸福的美景一定会实现。

本书编写组